Collection
PROFIL LITTÉRATURE
dirigée par Georges Décote

Série
PROFIL D'UNE ŒUVRE

Lettres persanes (1721)

MONTESQUIEU

**Résumé
Personnages
Thèmes**

ALAIN VÉQUAUD
professeur de lettres

HATIER

Dans la collection « Profil », titres à consulter dans le prolongement de cette étude sur les *Lettres persanes* :

• Sur Montesquieu et son œuvre

– *Histoire de la littérature en France au XVIIIe siècle* (« Histoire littéraire», **139/140**), p. 45-49.
– *Memento de littérature française* (« Histoire littéraire », **128/129**), p. 54, 60.
– *50 romans clés de la littérature française* (« Histoire littéraire », **114/115**) ; *Lettres persanes*, p. 30-31.
– *La critique de la société au XVIIIe siècle* (« Thèmes et questions d'ensemble », **98**) ; *lettre* XXIX, p. 66 : critique de l'Inquisition ; *lettre* XXXVII, p. 50 : portrait de Louis XIV ; *lettre* LXXV, p. 23 : la morgue des grands ; *lettre* XCVII, p. 15 : éloge de l'esprit philosophique ; *L'Esprit des lois* : condamnation de l'esclavage, p. 37.

• Sur la critique sociale

– *La critique de la société au XVIIIe siècle* (« Thèmes et questions d'ensemble », **98**).
– DURAS, *Moderato cantabile* (« Profil d'une œuvre », **121**) ; la dénonciation de l'univers bourgeois, chap. 8.
– HUGO, *Hernani, Ruy Blas* (« Profil d'une œuvre », **101**) ; une société inacceptable, chap. 9.
– ZOLA, *L'Assommoir* (« Profil d'une œuvre », **35**) ; un réquisitoire violent contre une forme de société, chap. 7.

• Sur le roman par lettres

– *Histoire de la littérature en France au XVIIIe siècle* (« Histoire littéraire », **139/149**) ; Rousseau, *La Nouvelle Héloïse*, p. 116-119.
– LACLOS, *Les Liaisons dangereuses* (« Profil d'une œuvre », **43**) ; un roman par lettres, chap. 5.

• Sur l'exotisme

– *Voyage et exotisme au XIXe siècle* (« Thèmes et questions d'ensemble », **97**).

© HATIER, PARIS, MARS 1994   ISSN 0981-8170   ISBN 2-218-**00302-3**

SOMMAIRE

Lettres persanes
(1721)

MONTESQUIEU
(1689-1755)

ROMAN ÉPISTOLAIRE XVIIIe siècle
CHRONIQUE SOCIOLOGIQUE
ET SATIRIQUE

RÉSUMÉ

– **Lettres 1 à 24** : en 1711, le sultan Usbek et son jeune protégé Rica ont quitté la cour d'Ispahan, en Perse, pour un voyage d'études à Paris. En vérité, Usbek s'exile : trop libre d'esprit, il s'est attiré des ennemis politiques qui ont juré sa perte. En juin 1712, les voyageurs atteignent Paris. La même année, Rhédi, neveu d'un ami d'Usbek, s'installe à Venise pour parfaire sa formation. Entre eux ou avec d'autres correspondants de Perse ou d'Europe, ils échangent des lettres.

Du harem d'Usbek à Ispahan, épouses et eunuques écrivent aussi. Leurs propos disent combien le sérail est un lieu d'oppression, même en l'absence du maître.

– **Lettres 24 à 91** : à Paris, Rica et Usbek vivent les événements de la fin du règne (1712-1715) de Louis XIV et de la Régence de Philippe d'Orléans, jusqu'en 1720. C'est pour eux l'occasion d'une réflexion politique : un pouvoir mieux partagé, loin du despotisme oriental et de la monarchie absolue, est-il possible ?

– **Lettres 92 à 146** : s'initiant à une société nouvelle, les Persans s'étonnent de ce qui – mœurs, coutumes, institutions – paraît normal aux Français. Mais, par un retour sur eux-mêmes et sur l'islam, ils conçoivent toute la relativité des différences culturelles, facteurs d'incompréhension.

Aussi cherchent-ils, chacun selon sa personnalité, une réponse à la question du bonheur. Peut-on changer le monde, abolir les préjugés, moins gaspiller les ressources humaines et terrestres ? Usbek doute. Mais le scepticisme gai, mondain de Rica tempère son pessimisme. Lui-même retrouve des accents progressistes pour calmer les inquiétudes de Rhédi sur l'avenir du monde.

– **Lettres 147 à 161** : pourtant, Usbek n'échappera pas à ses contradictions : libre penseur à Paris, il reste un maître rétrograde pour son harem d'Ispahan. Là-bas, la situation se dégrade, les épouses se rebellent, les eunuques intriguent. Il faut rétablir l'ordre. Usbek cède finalement à la violence et au désespoir, quand il apprend que Roxane, sa favorite, le trompe; quand il comprend que Rica préfère la vie parisienne à son amitié. Il ordonne la répression et décide de rentrer seul à Ispahan, en dépit des menaces dont il fait l'objet à la cour.

En mai 1720, la dernière lettre, de Roxane, consomme le désastre : son épouse s'est empoisonnée et le maudit.

PERSONNAGES PRINCIPAUX

– **Usbek**, maître d'un sérail, homme mûr, patriote, bon musulman. Esprit cultivé et ouvert, il cèdera pourtant à la tentation du despotisme.
– **Rica**, son jeune disciple, esprit vif, fin observateur de la société. Aimant les femmes et la mondanité, il s'intégrera en Occident.
– **Ibben**, négociant à Smyrne (Turquie), ami d'Usbek, hôte exquis. Son esprit curieux veut tout savoir des mœurs françaises.
– **Rhédi**, autre jeune, neveu d'Ibben. De Venise, ce grand lecteur à l'esprit philosophique est l'interlocuteur privilégié d'Usbek pour les grandes questions.

• **Les épouses d'Usbek :**

– **Zachi**, femme enfant, sensuelle, jouet de l'homme et des événements.
– **Zélis**, femme d'expérience qui s'interroge sur la condition féminine. Elle se libèrera de la tutelle d'Usbek.
– **Roxane**, vierge qui a résisté au mariage forcé, feint la vertu mais cache un jeune amant et se suicide en clamant sa liberté.

• **Les eunuques :**

Gardiens des femmes du sérail, noirs ou blancs, ils servent avec zèle le despotisme.

THÈMES

1. L'exotisme (traitement de l'Orient).
2. La satire de la société française de 1712 à 1720.
3. La critique du pouvoir absolu.
4. Le réquisitoire contre les préjugés et l'intolérance.
5. L'éloge de valeurs universelles : raison, justice, vertu, progrès.
6. La conscience de l'autre et de l'ailleurs.

TROIS AXES DE LECTURE

1. **La structure significative d'un roman par lettres**
2. **La critique de la société**
3. **L'esprit des Lumières**

1 Biographie de Montesquieu

■■■■■ UN MILIEU PRIVILÉGIÉ

Le 18 janvier 1689, une gazette bordelaise annonce la naissance au château de La Brède de Charles-Louis de Secondat qui sera baron de Montesquieu. Les Secondat élèvent l'enfant au village et au château, lui donnent une éducation secondaire avant de l'envoyer faire des études de droit à Bordeaux, puis à Paris. On le destine à une carrière parlementaire.

Un Parlement est une assemblée provinciale, chargée du respect des lois fondamentales, des libertés et des privilèges locaux. Les magistrats qui la composent échappent à la nomination et à la révocation royales : leurs charges s'achètent et se transmettent héréditairement. Leur assemblée est donc une force de résistance à la monarchie absolue. En 1714, à 25 ans, Charles-Louis devient conseiller au Parlement de Bordeaux. Il restera fidèle à ses devoirs de magistrat et à ses racines provinciales et terriennes.

■■■■■ UN MILIEU INDÉPENDANT

Un an plus tard, Charles-Louis épouse Jeanne de Lartigue, née de « bonne famille » protestante. Le mariage d'une « huguenote », comme on disait alors, avec un noble catholique n'a pas rencontré d'obstacle. Rappelons que, depuis les guerres de Religion au XVIᵉ siècle, une population protestante s'est concentrée en Gironde. Or Louis XIV a révoqué en 1685 l'Édit de Nantes qui accordait au protestantisme la liberté de culte et d'association, réveillant ainsi les tensions religieuses. L'union de Charles-Louis et de Jeanne témoigne donc de l'ouverture d'esprit des parlementaires bordelais.

Depuis longtemps, en effet, Bordeaux est un port marchand ouvert aux influences extérieures : sa grande bourgeoisie et sa noblesse montrent une certaine indépendance à l'égard du centralisme monarchique. De plus, la province est lasse de contribuer par l'impôt à l'effort de guerre du royaume, fatiguée de l'intolérance religieuse, inquiète de vivre sous la menace d'une crise et de famines qui frappent les campagnes. En outre, Bordeaux n'est pas un désert culturel et, par son commerce avec le continent américain, la ville accueille des informations et des idées venues d'ailleurs. Le jeune Montesquieu saura écouter les témoignages des voyageurs arrivant de « l'autre partie du monde ».

▬▬▬▬ UN ESPRIT DE NOUVEAUTÉ

La curiosité scientifique

Charles-Louis hérite en 1716 des terres de son oncle, Jean-Baptiste de Montesquieu, dont il avait pris le nom dès 1708. Son oncle lui lègue aussi sa charge de « président à mortier »[1]. Noble « de robe »[2], Montesquieu accède ainsi au sommet de la magistrature parlementaire. Officiellement, il est un grave « Président » ; sentimentalement, il est un gentilhomme vigneron ; financièrement, la vente de son vin lui procure le loisir de cultiver les choses de l'esprit.

Physique, sciences naturelles et sociales retiennent sa pensée. Reçu en 1718 à l'Académie des sciences de Bordeaux, il prend son rôle au sérieux et fait jusqu'en 1721 des communications sur l'écho et sa cause, sur le fonctionnement des glandes rénales, sur la pesanteur et la transparence des corps, sur l'histoire naturelle... À trente ans, Montesquieu est un de ces hommes nouveaux pour qui la réflexion repose

---

1. Le « mortier » est le chapeau du magistrat, marque de la dignité de sa charge.
2. La « robe » du magistrat est aussi la marque de ses privilèges. On distingue alors la noblesse « d'épée », très ancienne et à vocation militaire, et la noblesse « de robe », plus récente, surtout composée de magistrats.

sur une culture vaste et bien assimilée. Ses idées morales en découlent : il doute d'abord, examine ensuite et critique enfin. Sa bibliothèque contient 3 000 titres ; mais la connaissance livresque ne lui suffit pas, il veut rencontrer le monde.

La compréhension du monde

Dès 1717, Montesquieu a conçu le projet d'un « petit » ouvrage qui aura du retentissement. Trop poli pour ennuyer ses contemporains avec un traité aride, il cherche une forme plaisante. Elle est trouvée en 1721 : le récit par lettres du voyage de deux Orientaux dans la France de la Régence. Ces *Lettres persanes* vont faire de Montesquieu, conteur irrévérencieux, la coqueluche du Tout-Paris. S'il a prudemment publié l'œuvre à Amsterdam et sans nom d'auteur, il ne trompe personne. On l'accueille dans les salons et les clubs parisiens où fermente déjà l'esprit des Lumières[1].

Désireux de mettre sa pensée à l'épreuve d'autres cultures, Montesquieu voyage. De 1728, année de son élection à l'Académie française, à 1731, il parcourt l'Europe, comparant les usages, les lois et les régimes. Il séjourne par exemple un an et demi en Angleterre. Cette expérience développera en lui l'esprit cosmopolite[2]. Au retour, il enrichit sa réflexion écrite qui va donner naissance à son grand projet, un ouvrage de philosophie politique.

■■■■■ L'AMBITION D'UNE GRANDE ŒUVRE

La pensée historique

Montesquieu se retire dans son château de La Brède et se consacre, au milieu de ses livres, à l'analyse historique. En 1734, paraissent les *Considérations sur les causes de la*

---

1. Le mot « lumière », dans plusieurs langues européennes, désigne l'idée de progrès scientifique, technique, moral et politique. C'est l'idée d'un bond général en avant qui fera reculer le fanatisme et l'obscurantisme.
2. Est « cosmopolite » celui qui sait s'adapter aux coutumes des pays dans lesquels il séjourne, celui qui sait les respecter.

grandeur des Romains et de leur décadence. Par cette étude, il tente de dégager des lois qui détermineraient les mouvements de l'Histoire.

La pensée politique

Avec les *Considérations*, Montesquieu a commencé une œuvre qu'il mettra treize ans à achever. Remaniant la structure, augmentant les chapitres, il rédige avec acharnement les 31 livres de *L'Esprit des lois*, l'aboutissement de sa vie. La publication a lieu en octobre 1748, sans nom d'auteur encore une fois. Le succès de l'œuvre va de pair avec la critique. Les attaques convergentes des jésuites et des jansénistes[1], souvent ennemis pourtant, la censure officielle conduisent Montesquieu à faire paraître une *Défense de l'Esprit des lois* en 1750. Mais l'ouvrage, interdit d'édition en France, est mis à l'Index[2] en 1751. Malgré la fatigue, l'écrivain aura encore le temps de rédiger l'article « Goût » pour l'*Encyclopédie* de Diderot et d'Alembert, avant de mourir le 10 février 1755 à Paris.

Une pensée universaliste régit *L'Esprit des lois*, première approche sociologique des formes sociales, gouvernementales et culturelles. Les philosophes du XVIIIe siècle ont pu reprocher à Montesquieu trop de modération dans l'exposé de sa pensée politique. Certes, il est encore un homme du XVIIe siècle par sa peur du désordre ; mais son esprit d'examen et de contestation fait de lui un homme des Lumières. *L'Esprit des lois* sera le livre de chevet de Frédéric II de Prusse et de Catherine II de Russie, deux « despotes éclairés ». Il inspirera aussi les auteurs de la constitution des États-Unis et de la Déclaration des droits de l'homme.

---

1. L'ordre religieux des *jésuites*, soutien de la doctrine officielle de l'Église romaine, influent à la Cour et auprès du roi, et les *jansénistes*, partisans d'une foi rigoureuse, dans laquelle il n'y a pas de place pour la liberté humaine — la grâce n'étant pas accordée à tous —, sont entrés en conflit sous le règne de Louis XIV.
2. L'*Index* est la liste des ouvrages dont la lecture est interdite par le pape, pour des raisons religieuses et morales.

2 Résumé

LETTRES 1 À 24 : ISPAHAN-PARIS
[Du 19 mars 1711 au 4 mai 1712][1]

Lettres 1 à 7 : Qui sont ces voyageurs ?

Le 19 mars 1711, deux nobles persans, Usbek et Rica, ont quitté Ispahan, leur ville natale, pour un voyage d'étude à Paris, cœur de l'Occident. Traversant la Perse (aujourd'hui l'Iran) de Com à Tauris, ils arrivent à Erzeron en Turquie, leur premier séjour (*Lettres* 1 à 6)[2].

Usbek, grand seigneur cultivé, règne sur un sérail au sein duquel des eunuques gardent ses nombreuses épouses. Elles n'en sortent que transportées dans des « boîtes » qui les dérobent aux regards impurs des autres hommes. Ces femmes se plaignent déjà de l'éloignement du maître (*Lettres* 3, 4, 7). Quant à Rica, jeune homme de bonne famille, il n'a pas de harem. Il ne laisse derrière lui qu'une mère « inconsolable » (*Lettre* 5).

Lettres 8 à 18 : Quelles sont leurs motivations ?

Les voyageurs prétendent aller « chercher laborieusement la sagesse » (*Lettre* 1), mais le mobile est autre. Usbek fuit un royaume corrompu où sa personne est en danger (*Lettre* 8). On intrigue contre lui à la cour de Perse et le projet d'éduquer le jeune Rica lui a fourni un alibi. De plus, ce fils spirituel, coqueluche des lettrés d'Ispahan, est heureux de quitter un monde trop fermé sur lui-même.

---

1. Se reporter au calendrier persan, p. 25.
2. Voir l'itinéraire sur la carte, p. 12.

D'Erzeron, Usbek envoie à Mirza, un ami éclairé, quatre lettres en forme de récit. Elles répondent à la question de savoir « si les hommes [sont] heureux par les plaisirs et les satisfactions des sens, ou par la pratique de la vertu » (*Lettre* 10). Ces lettres sont un feuilleton : Usbek y soutient l'idée qu'il n'y a pas de société viable sans vertus morales, pas de liberté sans civisme. Il expose ce point de vue à travers la légende des Troglodytes.

Conte des Troglodytes (Lettres 11 à 14)

Les Troglodytes, peuple légendaire d'Arabie descendant de l'homme des cavernes, ne connaissent que le meurtre, le rapt, le viol et le vol. Leur vie n'est que chaos, anarchie. Aussi sont-ils punis par des famines et des épidémies qui les déciment (*Lettre* 11).

Heureusement, deux Troglodytes différents des autres, animés par une bonté « naturelle », reconstituent autour d'eux un peuple neuf, dans le respect du prochain, de la famille, du travail, de la vertu. La terre redevient nourricière et assure la prospérité d'une république idéale et communautaire (*Lettre* 12). Si ces vertueux Troglodytes sont paisibles, ils acceptent toutefois la guerre pour défendre le sol national. Ce patriotisme les fera triompher de voisins envieux et innombrables, à qui ils ont pourtant cherché à faire entendre raison. Cette victoire les conforte dans l'idée que la vertu l'emporte nécessairement sur l'injustice (*Lettre* 13).

Mais la population augmente, menaçant l'équilibre du groupe. La liberté est lourde à porter : les citoyens découvrent qu'il est plus difficile d'obéir à la conscience civique qu'aux lois que dicterait un monarque. Les Troglodytes demandent un roi. Ils choisissent le plus ancien, le plus vertueux. Le vieillard se soumet à la volonté populaire mais voudrait faire revenir ses concitoyens sur leur décision. Son discours mélancolique marque la fin de « l'âge d'or », d'une libre obéissance aux exigences de la démocratie. Le vieil homme en appelle au sursaut de la conscience publique (*Lettre* 14).

Dans la foulée de cette réflexion politique, Usbek s'interroge sur les fondements de la foi islamique, en correspondant avec le théologien Méhémet-Ali. Irrité par la philosophie d'Usbek, celui-ci lui répond que la foi et le respect des textes sacrés suffisent, car les voies de Dieu sont impénétrables (*Lettres* 16 à 18).

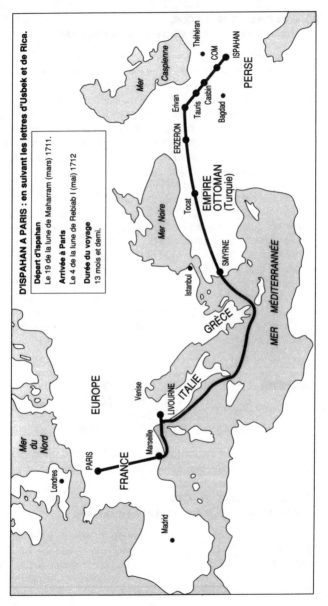

D'ISPAHAN A PARIS : en suivant les lettres d'Usbek et de Rica.

Départ d'Ispahan
Le 19 de la lune de Maharram (mars) 1711.

Arrivée à Paris
Le 4 de la lune de Rebiab I (mai) 1712

Durée du voyage
13 mois et demi.

13

Lettres 19 à 24 :
Les contradictions d'Usbek

D'Erzeron à Smyrne sur la mer Égée, Usbek et Rica ont voyagé trente-cinq jours en caravane. Usbek est inquiet : ses eunuques veillent bien sur ses épouses, mais il est tendu, lui qui se dit froid et détaché. Voilà qu'il abreuve de sermons ses femmes et leurs gardiens (*Lettres* 20, 21). Son inquiétude est fondée : pour le harem, ce maître qui s'éloigne vers l'Occident se désincarne. Tenues au secret, punies à la moindre incartade, les épouses Zachi, Zéphis et Fatmé protestent sourdement contre leur sort.

Accueillis par Ibben, Persan résidant en Turquie, nos voyageurs prennent un peu de repos à Smyrne. Dans cette ville où l'Occident se mêle à l'Orient, ils réfléchissent. De là, ils repartent pour l'Italie où ils débarquent après quarante jours de navigation. À Livourne, cité florissante de Toscane, ils ont leur premier vrai contact avec la civilisation occidentale. Le 13 avril 1712, ils s'embarquent pour Marseille où ils ne séjourneront guère.

Enfin, une lettre de Rica à Ibben indique, le 4 juin, qu'ils sont à Paris depuis un mois (*Lettre* 24). Ils se sont installés et s'accoutument tant bien que mal à la vie de la grande ville, Rica mieux qu'Usbek.

████ LETTRES 24 À 91 :
LA FIN DU RÈGNE
DE LOUIS XIV
[Du 4 juin 1712 au 31 août 1715]

Avec humour, Rica inaugure, dans la *Lettre* 24, la chronique des trois dernières années du règne de Louis XIV.

Lettres 24 à 46 :
Les curiosités parisiennes

Usbek et Rica découvrent un monde nouveau. Si lointain qu'il soit maintenant, l'Orient leur sert de référence pour l'aborder (*Lettres* 26, 34, 35, 38). Cette confrontation fait naître dans leur esprit l'idée de relativité culturelle et religieuse (*Lettre* 46). C'est donc un regard « étranger », avide mais narquois, qu'ils jettent sur la vie mondaine et intellectuelle de Paris (*Lettres* 28, 30, 36), sur les pouvoirs et les institutions (*Lettres* 29, 37, 44).

Ce regard révèle deux personnalités différentes. Rica, pourvu de la faculté d'adaptation de la jeunesse, papillonne dans les salons : il aime le commerce des femmes. Usbek, plus mûr et circonspect, enquête. Il attache son étude à une morale comparée de l'islam et de la chrétienté, interrogeant les religieux persans.

Lettres 47 à 68 : Une observation plus raisonnée de l'Occident

Passé le temps des surprises, les touristes se font « sociologues ». Ils classent les types humains (*Lettre* 48), jugent les comportements, analysent les mentalités (*Lettres* 50, 52, 55, 56, 58). L'incompétence qui règne un peu partout les étonne (*Lettres* 54, 66, 68). Ils mesurent le poids des institutions religieuses sur les mœurs (*Lettres* 49, 57), cause d'intolérance et de fanatisme (*Lettres* 60, 61).

On s'aperçoit enfin que c'est tout l'homme occidental — une lettre sur les Moscovites en témoigne — qu'étudient Usbek et Rica à travers le prisme parisien. Autant d'occasions de rire des ridicules, de souligner les excès, avec virulence parfois. L'écart se creuse encore entre nos deux Persans dans la façon d'observer. Rica, rompu aux pratiques de la vie mondaine, excelle dans le badinage et le déchiffrement des faux-semblants. Usbek, en moraliste plus sévère, poursuit une enquête intellectuelle et morale. Il n'a pas l'esprit aussi libre que son jeune protégé.

Lettres du sérail : Les affaires domestiques d'Usbek[1]

L'Orient se rappelle fâcheusement à Usbek qui doit gouverner à distance. Les propos qu'il tient, les décisions qu'il prend concernant son sérail soulignent l'écart entre l'homme

---

1. On interrompt ici le mouvement des « Chroniques parisiennes » pour donner la parole à sept lettres orientales. Elles sont un rappel de l'intrigue du roman de sérail et contribuent à enrichir la psychologie d'Usbek en soulignant ses contradictions.

de réflexion qu'il est à Paris et le despote qu'il demeure à Ispahan. Certes, il empêche la castration du jeune Pharan (*Lettres* 41 à 43), mais il demande à ses sujets de s'acquitter de leur devoir et perçoit mal les signes d'une détérioration de son pouvoir. Au palais, ses épouses se rebellent et le chef des eunuques noirs réclame un supplément d'autorité pour rétablir l'ordre (*Lettres* 47, 53, 62, 64, 65).

Au milieu de ses incertitudes, Usbek reçoit une lettre du 27 août 1714. Son ami Ibben se plaint de ne plus avoir de nouvelles de Paris et lui adresse des remontrances sur les devoirs de l'amitié. À cette lettre est joint le récit qu'un certain Aphéridon a fait à Ibben de sa propre histoire.

Histoire d'Aphéridon et d'Astarté (*Lettre* 67)

Aphéridon et sa sœur Astarté s'aiment d'amour, mais la loi musulmane leur interdit le mariage, alors que la tradition des Guèbres[1] autorise l'inceste. Leur père meurt et l'on enferme Astarté au harem.

La sultane, jalouse de sa beauté, la marie de force avec un eunuque. La jeune femme vertueuse veut rester fidèle à son mari, mais Aphéridon parvient à reconquérir l'amour de sa sœur. Les aventures s'enchaînent : enlèvement au sérail, mariage secret, fuite, bonheur dans l'exil et naissance d'un enfant.

Un second drame intervient. Les Tartares enlèvent Astarté, la vendent comme esclave à des Juifs qui vont en Turquie. Aphéridon, qui n'a retrouvé que sa fille, suit les Juifs. Finalement, ceux-ci lui demandent pour sa femme une rançon qu'il ne peut payer. Il se vend avec son enfant à un marchand arménien afin de réunir la somme nécessaire au rachat d'Astarté. Quand il y parvient, la situation s'inverse : sa femme est libre, mais sa fille et lui sont esclaves.

Ému des malheurs de cette famille, le marchand libérera Aphéridon un an plus tard et le couple incestueux retrouvera un bonheur innocent, au bout des épreuves imposées par la société et le hasard. La vie conjugale exemplaire est faite de confiance et d'estime réciproques.

Ce récit devrait ébranler les préjugés d'Usbek le musulman, mais pour le moment l'observation de l'Occident importe plus à ses yeux.

---

1. Les Guèbres sont une population attachée à l'enseignement de Zoroastre, fondateur d'une tradition religieuse antérieure à l'instauration de l'islam.

Lettres 69 à 91 :
Une vision plus fondamentale
du monde

Après avoir reçu d'un ambassadeur de ses amis un courrier de Moscou, Usbek se voit transmettre par Rica la lettre d'un Français sur l'Espagne et le Portugal (*Lettre* 78). La vision du monde de nos Persans s'élargit en même temps qu'elle s'approfondit. Usbek s'est mis en quête d'une loi naturelle et des principes fondateurs d'un État civilisé et harmonieux.

Il commence par mettre à nu les racines métaphysiques[1] et religieuses des institutions (*Lettres* 69, 75, 76, 77, 83, 85), avant que sa pensée ne prenne un tour plus historique et politique (*Lettres* 80, 81). En outre, quels ressorts font agir l'homme occidental ? Les observateurs se penchent parallèlement sur la dignité, vraie ou fausse, des puissants (*Lettres* 73, 74, 82, 84) ; ils auscultent les moteurs de l'ambition : noblesse, faveur, gloire, honneur (*Lettres* 88, 89, 90, 91).

■■■■ LETTRES 92 À 146 :
LA RÉGENCE
[Du 4 septembre 1715 au 11 novembre 1720]

La vie française alimente toujours les chroniques. Rica, persifleur et impertinent, se meut dans le monde tel un poisson dans l'eau. Quant à Usbek, tout aussi hostile à la frivolité parisienne qu'à la corruption persane, heurté dans sa raison comme dans sa générosité, il se retire pour méditer. Là, il se rend compte que l'homme qu'il est se défait difficilement de ses démons familiers (*Lettre* 93).

---

1. La *métaphysique* est une partie de la philosophie qui cherche à connaître par la raison les êtres et les choses immatériels qui ne tombent pas sous le sens : Dieu, l'immortalité de l'âme... Elle veut comprendre l'essence des phénomènes, par opposition à ce qu'on apprend par l'expérience.
Or, à partir du XVIIIe siècle, avec Voltaire dans ses *Lettres philosophiques* (1734), le mot « métaphysique » prend une nuance péjorative. On pose comme inconnaissable le fondement des choses, si bien que toute pensée métaphysique passe pour une construction intellectuelle gratuite.

Lettres 92 à 111 :
Peut-on rêver
un gouvernement idéal ?

La réflexion s'ouvre sur les événements qui ont suivi la mort de Louis XIV (1er septembre 1715) et sur les essais de réforme du Régent Philippe d'Orléans (*Lettre* 92). Rica, de loin en loin, intervient sur des thèmes plus légers : l'inconstance, l'attachement aux fausses traditions, l'influence politique des femmes, l'incompétence des grands corps de l'État, le divertissement (*Lettres* 99, 100, 107, 109, 110).

Un grand roi vient de mourir, son successeur est trop jeune pour gouverner : Usbek fait le point. Il examine les principes du droit public et leur perversion (*Lettres* 94, 95). Puis, comparant les régimes d'Orient et d'Occident (*Lettres* 96, 102, 103), il s'interroge sur la meilleure forme de gouvernement. Il suggère qu'on s'inspire de la simplicité des lois physiques et de la source paternelle de tout pouvoir. Pourtant, à Rhédi qui craint que le développement des civilisations et des inventions conduise le monde à la catastrophe, Usbek répond par un éloge du progrès et des sociétés industrieuses (*Lettres* 105, 106). On le voit balancer entre la nostalgie et l'enthousiasme moderniste.

Usbek estime finalement que le nouvel esprit scientifique explique mieux l'univers que la pensée religieuse obscurantiste (*Lettre* 97). Il rêve donc d'une monarchie douce, à la fois paternelle et guidée par les lumières de la raison. Le Prince y partagerait la puissance avec les représentants de la nation. C'est pourquoi, ayant examiné le passé, le présent et envisagé l'avenir de nombreux États, Usbek se tourne vers la monarchie parlementaire anglaise, protégée de l'absolutisme (*Lettre* 104).

Lettres 112 à 123 :
Peut-on échapper
au fatal déclin des sociétés ?

Voulant apaiser les inquiétudes du jeune Rhédi sur la dépopulation du globe et sur la décadence (*Lettre* 112), Usbek rédige alors une dissertation à dimension planétaire. Si l'on excepte les épidémies et les catastrophes naturelles, quelles sont les causes morales, religieuses, politiques et économiques de la dépopulation ?

Usbek fait alors le procès des religions dominatrices dont l'esprit de querelle use l'énergie des peuples (*Lettre* 119). À l'opposé, le commerce et l'esprit d'entreprise jouent en faveur de la poussée démographique. Il faut donc supprimer ce qui est improductif : le célibat des prêtres ou le droit d'aînesse qui force les cadets à entrer dans l'armée ou en religion (*Lettres* 117, 119). Usbek dénonce aussi l'esclavagisme qui anéantit la vie de milliers d'hommes pour exploiter l'or et l'argent (*Lettre* 118). Il examine ensuite comment la polygamie orientale, l'existence des eunuques et l'avortement freinent la procréation (*Lettres* 114, 120) ; comment, à l'inverse, le divorce l'encourage (*Lettre* 116). Enfin, il s'en prend au colonialisme tout entier qui, par esprit de profit à court terme, gaspille les ressources naturelles et humaines de la planète (*Lettre* 121).

Seuls les régimes politiques modérés trouvent grâce aux yeux d'Usbek : ils favorisent la paix civile, l'initiative, une meilleure répartition des biens et l'esprit familial, facteurs d'essor démographique. *A contrario*, les régimes despotiques étouffent l'esprit civique et le progrès (*Lettres* 122, 123).

Lettres 124 à 146 : L'observation du monde contemporain rend pessimiste

Rica, qu'on n'avait guère entendu depuis quelque temps, imite Usbek dans ce tour du monde en pensée. Plusieurs jours de suite, il visite une bibliothèque publique : il parcourt ce qu'on a publié d'utile et d'inutile, théologie, littérature, science, histoire... L'inflation des productions livresques et des piètres auteurs lui donne la nausée (*Lettres* 133 à 137). Comme Usbek, il déplore l'immodestie intellectuelle, la difficulté d'être un vrai savant dans ce siècle (*Lettres* 144, 145).

Les regards des deux Persans convergent maintenant sur l'actualité française et européenne. Ils en dressent un tableau pessimiste. Au lieu d'encourager le travail productif, le Prince engraisse des courtisans. Mal conseillé par ses ministres, il méconnaît la force de proposition des Parlements (*Lettres* 124, 127, 140). De vaines réformes laissent un sentiment général d'insatisfaction ; on déplore l'instabilité des fortunes (*Lettres* 126, 132, 138, 139). Le pays semble être la proie des marchands de paradis, des annonceurs de fausses nouvelles, des fabricants de faux remèdes (*Lettres* 125, 130, 142, 143).

À cela, les Persans opposent des utopies : Usbek et son rêve d'un régime paternaliste ; Rhédi et son gouvernement idéal entre république et monarchie tempérée. Quant à Rica, il invente un conte oriental adressé « comme curiosité » à Usbek (*Lettres* 129, 131, 141).

Histoire d'Ibrahim et d'Anaïs (*Lettre* 141)

Ce conte philosophique unit en quelque sorte l'Orient et l'Occident. Il suggère de réformer le despotisme du sérail et, plus largement, d'en finir avec tous les pouvoirs absolus.

Le conteur est une femme du sérail, très cultivée, nommée Zuléma. Elle dénonce la condition de la femme en Perse et l'orgueil masculin qui prétend que le paradis est réservé aux hommes. Pour montrer que la vertu seule compte au moment de comparaître devant Dieu, Zuléma raconte l'histoire exemplaire d'Anaïs.

Un jour, cette épouse se révolta publiquement contre Ibrahim, son sultan, jaloux et brutal. Il la poignarda. Pour récompenser la martyre, le ciel l'envoya dans un harem paradisiaque où tout était à l'envers. Des hommes divins la servaient, comblant tous ses désirs, au point qu'elle en oublia sa misérable vie terrestre. Mais au huitième jour de sa félicité, Anaïs songea au sort de ses compagnes d'en bas, esclaves d'Ibrahim. Elle dépêcha un homme divin qui prit le visage du sultan pour faire vivre le sérail dans la douceur. Quand Ibrahim le méchant se trouva face à son double sympathique, il demanda la mort de l'imposteur mais ne fut pas obéi. Ses gens le chassèrent, acquis au nouveau régime, juste et bienveillant.

La palais vécut quelque temps dans la vertu, la confiance, la fidélité librement choisie. Mais le vrai mari, obstiné, revint troubler l'harmonie de la maison, réclamant le retour à l'ordre ancien. Le faux Ibrahim l'enleva dans les airs et le transporta à « deux mille lieues de là ».

Pendant l'absence du vrai et du faux Ibrahim, les eunuques retrouvèrent leur sévérité d'antan et les femmes retombèrent dans la tristesse. Le bonheur n'était-il qu'un songe ? Enfin de retour, l'homme divin, le faux Ibrahim, réforma la maison au grand scandale du voisinage. Eunuques congédiés, demeure ouverte, femmes dévoilées mangeant avec les hommes ! On dissipa les biens du mauvais Ibrahim qui, lorsqu'il rentra de son long voyage, ne trouva que des femmes émancipées et une kyrielle d'enfants.

Ce conte, imaginé par Rica pour une dame de la cour, s'adresse en vérité à Usbek, empêtré dans son despotisme domestique. Il lui rappelle qu'en Orient comme à Paris grand est l'écart entre le rêve et la réalité.

C'est ainsi que la chronique occidentale s'achève sur la catastrophe financière et morale du système de Law[1], qui a provoqué des enrichissements et des ruines spectaculaires, dus à la spéculation et à l'appât du gain. Le pays tout entier semble démoralisé. La Régence avait pourtant fait naître de grands espoirs de changement (*Lettre* 146).

■■■■ LETTRES 147 À 161 : RETOUR AU SÉRAIL
[Du 1er septembre 1717 au 6 mai 1720]

Lettre 147 : Le cruel réveil

Usbek observait, philosophait, oubliant presque les affaires de son sérail. Voici qu'elles reprennent corps. Son grand eunuque lui en apprend de belles : ses épouses n'en font qu'à leur tête. Zélis se dévoile à la mosquée, Zachi couche avec une esclave, un jeune garçon s'est introduit dans le palais.

---

1. John Law (1671-1729), financier écossais né à Édimbourg, est le précurseur de la banque moderne, malgré l'échec rencontré par son « système », échec dont les *Lettres persanes* se font amplement l'écho (*Lettres* 138, 142, 146).
Le Régent fit appel à lui pour résorber la dette publique, énorme à la mort de Louis XIV. Son système repose sur *a)* une Banque royale émettant du papier-monnaie gagé sur une encaisse en or et en argent fournie par le public (1718) ; *b)* « La Compagnie perpétuelle des Indes » (1719), qui devait rapporter aux investisseurs un profit fondé sur le commerce maritime et colonial, très lucratif.
Mais le système fut victime de son succès initial. Il déchaîna la spéculation : le prix des actions de la Compagnie des Indes monta en flèche et les dividendes distribués aux actionnaires parurent bientôt dérisoires. Retournement d'opinion, les gros porteurs voulurent réaliser leurs avoirs et la confiance s'évanouit. La foule se pressa, réclamant le remboursement en espèces du papier-monnaie. Law ne pouvait plus protéger l'encaisse de la Banque royale : le taux des actions de la Compagnie s'effondra. Une émeute s'ensuivit et Law dut s'enfuir le 14 décembre 1720.
Pour ne pas aggraver la dette publique, l'État indemnisa misérablement les milliers de porteurs d'actions. Le souvenir laissé par le « système » fut durable. On se méfia longtemps de la création d'une banque d'État, du papier-monnaie et d'une économie fondée sur le crédit.

Lettres 148 à 152 :
Le chaos ou la terreur

Usbek ordonne une enquête et délègue ses pouvoirs pour punir si besoin est (*Lettre* 148). Mais le grand eunuque meurt et son remplaçant, l'eunuque blanc Narsit, n'est pas à la hauteur de sa tâche. Il ne voit rien, n'entend rien, se garde d'ouvrir les lettres d'Usbek. Celui-ci doit menacer l'incapable (*Lettres* 149, 150). C'est alors que Solim, confident du grand eunuque défunt, sort de l'ombre et confirme les inquiétudes. Le sérail est en proie aux désordres ; les épouses franchissent l'enceinte, donnent des rendez-vous secrets. Pour la sauvegarde du despotisme, Solim exhorte son seigneur à rétablir la crainte. Quant à Narsit, toujours naïf, il se fait dérober une lettre (*Lettres* 151, 152).

Lettres 153 à 155 :
Les désarrois du despote

Usbek met donc sa vengeance entre les mains de Solim et avertit ses femmes que la foudre va tomber (*Lettres* 153, 154). Le 4 octobre 1719, il peint son désarroi à son ami Nessir. Il se sent seul, incompris, exilé, Rica goûte trop l'Occident pour retourner en Perse avec lui. En dépit des ennemis politiques qui complotent contre lui à Ispahan, Usbek envisage de rentrer. Sa jalousie l'emporte, il veut laver l'adultère (*Lettre* 155).

Lettres 156 à 159 :
La révolte des femmes

Arrivent alors trois lettres des épouses d'Usbek. La première est de Roxane, sa favorite, que tous disaient fidèle. La missive, confusément menaçante, accuse Solim d'abus de pouvoir. Puis Zachi et Zélis clament leur révolte contre la répression qui frappe le harem, répression dont Usbek est tenu pour responsable (*Lettres* 156, 157, 158). Et, coup de tonnerre ! Solim apprend à son maître que la « pure » Roxane avait un amant (*Lettre* 159).

Lettres 160, 161 :
L'État policier

Le sérail entre dans la spirale de la terreur. Brimades et humiliations physiques ne contentent plus Solim. Voici le temps du poignard et du sang (*Lettre* 160). Parachevant le désastre, l'ultime lettre de Roxane crie sa haine contre la dictature de l'homme. L'épouse revendique insolemment sa trahison et annonce son suicide par le poison, rompant ainsi ses derniers liens (*Lettre* 161).

Si un certain scepticisme mettait une note finale à l'observation du monde occidental, le roman oriental, lui, se dénoue tragiquement. Sans autre perspective que la tyrannie ou le chaos, le despotisme du sérail n'a pas d'avenir.

3 Structure des Lettres persanes : trois fils conducteurs

La variété, le désordre apparent des 161 lettres du recueil peuvent dérouter le lecteur. En vérité, Montesquieu — qui a mis quatre ans à bâtir ses *Lettres persanes* — n'a rien laissé au hasard.

L'ouvrage s'organise selon trois fils conducteurs : il s'agit à la fois d'un journal de voyage, d'un roman oriental et d'un essai reflétant la pensée personnelle de Montesquieu.

1. CHRONOLOGIE D'UN JOURNAL DE VOYAGE

Tout commence le 19 de la lune de Maharram 1711... On peut le déduire par un petit calcul de la lecture de la *Lettre* première, datée du « 15 de la lune de Saphar 1711 », si l'on compte en mois lunaires[1], ceux du calendrier musulman.

Deux calendriers

Le public français était friand de « turqueries ». Montesquieu date chaque lettre du nom du mois persan qui figure dans le calendrier rapporté par Jean Chardin[2]. Mais, pour ne

---

1. Le calendrier musulman divise le temps en mois lunaires (29-30 jours), alors que le calendrier chrétien le divise en mois solaires (30-31 jours). Les premiers calendriers ont une base lunaire, car les lunaisons sont plus courtes et plus faciles à observer et à étudier que le cycle solaire.
2. Jean Chardin (1643-1713) a écrit *Voyage en Perse et aux Indes orientales*.

pas trop égarer son lecteur dans une chronologie étrangère, l'auteur conserve l'année chrétienne. « 1711 », en effet, n'a pas de sens pour les musulmans. Leur calendrier ne débute pas à la naissance du Christ mais à l'époque de l'hégire, c'est-à-dire de la fuite (*hedjra* en arabe) du prophète Mahomet, chassé de La Mecque[1]. Montesquieu a repris les noms de mois en leur attribuant une équivalence avec les mois solaires de notre calendrier grégorien[2]. Ainsi, on a dressé le tableau de concordance suivant, en faisant commencer l'année au mois de mars (« Maharram »), début du voyage :

Maharram	: mars
Saphar	: avril
Rebiab I	: mai
Rebiab II	: juin
Gemmadi I	: juillet
Gemmadi II	: août
Rhegeb	: septembre
Chahban	: octobre
Rhamazan	: novembre
Chalval	: décembre
Zicaldé	: janvier
Zilhagé	: février[3]

Déterminer la durée du voyage, des séjours, demande une gymnastique déductive[4]. En effet, les lettres se croisent ; des réponses tardent ou arrivent trop tard[5]. Mais on peut reconstituer l'armature temporelle et spatiale du journal. Chaque lettre est datée, signée, localisée et porte en général le nom de son destinataire (« Usbek à son ami Rustan, à Ispahan », *Lettre* 1).

---

1. Le calendrier musulman commence donc pour nous le 16 juillet 622.
2. Le calendrier grégorien, presque universellement adopté de nos jours, est issu de la réforme du pape Grégoire XIII, en 1582.
3. Ce tableau de concordance est dû à Robert Shackleton, « The moslem chronology of the *Lettres persanes* », *French Studies*, Oxford, 1954.
4. Voir les dates figurant dans le résumé ci-dessus, p. 11.
5. De fait, les « retards de la poste » auront des répercussions sur l'intrigue du roman de sérail.

En tout cas, le travestissement persan — noms de mois, de lieux, de personnes —, loin de désorienter le lecteur, le rend plus attentif à la réalité de ce qui se dit.

Une chronologie vraisemblable

Couleur locale et vraisemblance vont de pair. Montesquieu a fait parcourir à ses Persans un itinéraire authentique, emprunté à Tavernier qui était allé de Paris à Ispahan. Celui-ci en avait consigné les étapes dans *Nouvelle Relation à l'intérieur du Sérail du Grand Seigneur* (1675)[1]. L'habileté est d'avoir inversé le voyage, car dans les *Lettres persanes*, c'est l'Orient qui vient vers l'Occident à dos de chameau, en bateau, en voiture[2]. Enfin, pour pouvoir esquisser le caractère d'Usbek, Montesquieu a joué de la durée « réelle » d'un tel trajet au XVIIIe siècle.

Partis en mars 1711, Usbek et Rica arrivent donc à Paris au mois de mai 1712, après 13 mois et demi de voyage (*Lettre* 24). Combien de temps y resteront-ils ? Le 4 octobre (« Chahban ») 1719, Usbek écrit : « Malheureux que je suis ! Je souhaite de revoir ma patrie » (*Lettre* 155). Mais Rica fait la sourde oreille et Usbek soupire dans la même lettre : « J'ai pressé mille fois Rica de quitter cette terre étrangère : mais il s'oppose à toutes mes résolutions ; il m'attache ici par mille prétextes : il semble qu'il ait oublié sa patrie. » Les *Lettres* 140, 141, 142 sont les dernières que Rica adresse à Usbek, datées d'août (« Gemmadi II ») et d'octobre (« Chahban ») 1720. À partir du 20 de ce mois, le nom de Rica n'est plus mentionné. Le jeune homme restera vraisemblablement à Paris où son intégration est réalisée. Quant à Usbek, qui projetait de rentrer en octobre 1719, il écrit encore de France en novembre 1720. Le 11 de la lune de Rhamazan, il dénonce à Rhédi les méfaits du Système de Law (*Lettre* 146). De mai 1712 à novembre 1720, il sera resté huit ans et demi en Occident, durée suffisante pour mener à bien son observation sociale, politique et culturelle.

---

1. Cet ouvrage a été suivi en 1676 de *Six voyages de J.-B. Tavernier en Turquie, en Perse et aux Indes*. C'est à lui que Montesquieu doit les nombreuses informations sur les mœurs du sérail.
2. Voir la carte, p. 13.

■■■■■■ 2. UN ROMAN ORIENTAL

Le roman oriental tisse la trame de l'ouvrage, lui donne sa tonalité orientale et parfois libertine[1] : calendrier musulman, vie secrète du harem (*Lettres* 3, 4, 7, etc.), lutte des eunuques pour le pouvoir (*Lettres* 2, 9, 151), style orné (*Lettre* 16, par exemple). De plus, « les divers personnages sont placés dans une chaîne qui les lie »[2] ; des liens intellectuels, moraux, affectifs les unissent. À partir de là, leurs caractères se différencient et évoluent, selon l'attachement à la Perse natale ou la façon d'aborder la réalité occidentale. De plus, l'action se déroule au sérail « à proportion de la longueur de l'absence d'Usbek ; c'est-à-dire, à mesure que la fureur augmente et que l'amour diminue »[3]. L'écrivain fait donc vivre des passions « orientales », ressort privilégié du romanesque.

Ainsi se développe une intrigue qui occupe 40 lettres du recueil. Elle encadre l'observation du monde occidental dans laquelle Usbek s'oublie, négligeant son harem. Dès lors, elle se fait souterraine pour mieux préparer la tension dramatique des dernières missives. En effet, bien que celles-ci s'échelonnent du 11 février 1718 au 8 mai 1720, leur regroupement final produit un effet de concentration et d'accélération menant au dénouement tragique.

Un traitement minimal de l'exotisme

En publiant ses *Lettres* en 1721, Montesquieu exploitait le filon de la couleur locale et flattait les fantasmes de ses contemporains. Ils attendaient par exemple quelques passages licencieux, coquins, censés accréditer l'image qu'ils se faisaient d'un Orient sensuel[4].

---

1. Au sens de « coquin », « polisson », « licencieux », dans la peinture de certaines scènes audacieuses sur le plan moral.
2. *Quelques réflexions sur les « Lettres persanes »* (1754).
3. *Quelques réflexions sur les « Lettres persanes »*.
4. *Lettre* 3. Jugez vous-même. « Nous te vîmes longtemps errer d'enchantements en enchantements [...] ; tu portas tes curieux regards dans les lieux les plus secrets : tu nous fis passer, en un instant, dans mille situations différentes... » C'est ainsi que Zachi évoque ses ébats sexuels avec Usbek, parmi les autres épouses du Harem.

Or, dans les *Lettres persanes*, l'érotisme est le plus souvent stylisé, c'est-à-dire suggestif et esthétique. Le romancier recourt à un voyeurisme distingué qui vise rarement la création d'atmosphère. Il en va de même pour le stéréotype de la cruauté[1]. L'assassinat de l'amant de Roxane, le bain de sang projeté par Solim, l'eunuque, sont rapidement évoqués dans une langue retenue. Quant au dernier discours de Roxane, sous l'emprise du poison qui la tue, il obéit à une écriture, à une ordonnance dignes d'un monologue classique. En tout, Montesquieu semble chercher la représentation intellectuelle car le roman oriental doit susciter la réflexion et non l'émotion (voir ci-dessous, p. 28-29).

D'ailleurs, la lecture de cette histoire nous laisse le sentiment que Montesquieu a voulu nous maintenir à distance de l'univers du sérail.

Il n'évoque guère, par exemple, les souffrances d'Usbek jaloux qui sent sa puissance sur ses femmes lui échapper. Quant aux épouses, elles sont moins des personnages charnels que des types féminins[2]. Autre exemple, Usbek apprend très tôt que son harem se rebelle. Les propos de son premier eunuque, datés de février 1716, devraient l'alarmer, lui qui est un maître inquiet et prudent. Or il semble rester sourd ; il s'attarde au contraire en Occident, comme si les événements du sérail le concernaient de manière lointaine. Enfin, en mai 1720, il sait que son palais est en proie aux désordres, que Roxane s'est suicidée, mais il est encore à Paris en novembre de la même année ! Ce sont là des invraisemblances psychologiques qui seraient de graves négligences de la part d'un romancier, si l'objectif de Montesquieu n'était ailleurs.

Un roman à thèse : une représentation du despotisme

Dans ce roman de sérail, plus intéressants sont les mécanismes de la détérioration du pouvoir et de l'ambition croissante des eunuques. Plus intéressant est le despotisme

---

1. Les *Lettres* 159, 160, 161 nous en donnent l'exemple.
2. Voir plus loin, p. 44.

« domestique » d'Usbek, cette façon dont il traite ses eunuques et ses épouses. L'intention de Montesquieu est claire : nous représenter ce qu'il déteste le plus sur le plan politique, le gouvernement despotique absolu. L'intrigue sous-tend une démonstration. Ce régime est haïssable qui obéit à une logique infernale : il subsiste par la terreur ou sombre dans l'anarchie.

C'est pourquoi Montesquieu a fait d'Usbek un tyran imparfait. Il lui laisse commettre deux erreurs impardonnables pour un despote. La première est d'avoir quitté son « royaume », oubliant que le gouvernement absolu ne dure que si l'œil du maître le surveille constamment. La seconde est d'avoir tenté de libéraliser un régime qui ne peut connaître que la contrainte. Ses sermons paternalistes n'y feront rien. Découvrant le vide de leur existence, les femmes se sentent de moins en moins liées aux volontés d'un mari qui parle « à mille lieues » de son palais. Et si leur voix est étouffée, les eunuques intriguent de leur côté : c'est à qui sera le favori du souverain absent pour capter le pouvoir. Une situation aussi conflictuelle ne peut que mener le sérail au « coup d'État ». Usbek aura beau diviser pour régner, il ne connaît plus son royaume qui ne le reconnaît plus. On matera la crise dans le sang, sans que soit brisé le cercle : despotisme, anarchie, despotisme (*Lettres* 155 à 161).

■■■■■ 3. LA PENSÉE PERSONNELLE DE MONTESQUIEU

Les *Lettres persanes* sont le roman épistolaire d'un penseur, dimension qui résiste le mieux à l'épreuve du temps. Voilà presque trois siècles, Montesquieu a bravé la censure pour demander la liberté d'examen et d'opinion. Il réclamait le droit d'être surpris de nos façons de vivre et de penser et celui de douter du bien-fondé de l'ordre établi. Puis, sachant que l'humour et l'ironie, armes de la critique, sont aussi des remèdes à nos inquiétudes, il demandait le droit d'être insolent. Cette insolence est celle d'un « honnête homme » qui, s'il n'est pas sûr qu'on puisse refaire le monde, pense qu'il y a du mérite à s'atteler à la tâche.

Dans cette perspective, trois axes forment une « chaîne secrète » qui unit les lettres en profondeur.

Les lettres satiriques

Elles prêtent au livre son ton gai et sautillant. Cet exercice d'insolence est confié surtout au jeune Rica, qui rit, qui griffe, mais qui s'adapte si bien à la frivolité parisienne. À lui de dénicher l'absurde et le ridicule, lui dont le regard ne nous fait grâce d'aucun travers, d'aucune aberration.

Les *Lettres* 24, 29, 37, 99, par exemple, sont une mise en question audacieuse des autorités supérieures de l'État et de l'Église. Les *Lettres* 49, 57, 61, 101, 117, entre autres, dénoncent les méfaits des institutions, des pratiques et des comportements religieux. Les *Lettres* 28, 36, 48, 50, 52, 54, 66, 68, 72, 73, 74, 87, 99, 110 (on voit qu'elles sont nombreuses) nous offrent les tableaux malicieux de la comédie sociale que se joue le monde occidental. Ni le pouvoir judiciaire (*Lettre* 100), ni l'exécutif (*Lettre* 138), ni les comportements économiques (*Lettres* 118, 142, 146) ne sont épargnés. Toutes ces lettres donnent lieu à une satire cruelle et élégante, conçue comme une entreprise de réveil des consciences. La fausse naïveté du Persan Rica démystifie les mensonges que la société de 1721 érige en certitudes. Il est venu dire à cette société de la Régence que « tout y est feint : les hommes croyaient s'occuper sérieusement de choses sérieuses. Et soudain ils se voient tels qu'ils sont : des comédiens »[1]. Des comédiens qui donnent et se donnent un spectacle permanent. Tout est mascarade, illusion, supercherie.

Les lettres politiques

• Consentement populaire et cohésion sociale

Pour poursuivre cet « état des lieux », les lettres politiques esquissent un tableau des institutions, de la mort de Louis XIV à la jeunesse de Louis XV. Ce tableau s'inscrit dans une réflexion sur le devenir des États de l'Europe et du monde. En ce sens, Montesquieu est bien un penseur du XVIIIe siècle, parce qu'il ne restreint pas son observation au périmètre français. Le regard extérieur de ses Persans « l'oblige » à adopter un point de vue universel.

---

1. Jean Starobinski, *Montesquieu par lui-même*, Le Seuil (1953). Voir plus loin dans ce « Profil », p. 72.

Au début de l'œuvre, une pensée politique émerge de l'histoire des Troglodytes (*Lettres* 11 « 14) qu'Usbek envoie à ses amis d'Ispahan. Il en ressort qu'il n'y a pas de gouvernement sage et stable sans consentement populaire ; sans l'effort de tout un peuple pour acquérir et maintenir les vertus morales et civiques, ciment de la cohésion sociale.

Cette pensée resterait mythique sans l'épreuve des réalités. C'est pourquoi les Persans comparent les régimes occidentaux, ceux de la France et de l'Angleterre particulièrement. Ils y analysent les rapports entre le pouvoir et le peuple, ainsi que le degré de liberté (*Lettre* 104). Cette liberté difficile à conquérir, on n'en voit guère de trace, par exemple, dans la société espagnole (*Lettre* 78). Mais elle est fructueuse là où elle se manifeste, comme dans les petites républiques de Suisse et de Hollande (*Lettre* 122), là où le pouvoir est partagé, là où les ministres ne poussent pas le prince à n'en faire qu'à sa tête.

Pour limiter l'arbitraire politique, Montesquieu souffle à ses Persans l'idée que toute puissance est nécessairement relative. C'est ce que soulignent les *Lettres* 29, 37, 44 : le Pape n'est qu'une « vieille idole » ; Louis XIV, un vieillard capricieux ; toute autorité se croit à tort le centre du monde. Pourtant l'ambition personnelle, la course aux faveurs, l'honneur et la gloire alimentent cette puissance par leurs excès (*Lettres* 88, 89, 90). L'influence des femmes et des religieux (« maîtresse » et « confesseur »), les intrigues, les mauvais conseils des ministres accentuent ces défauts (*Lettres* 107, 127). On franchit un pas de plus quand un royaume, comme la France, est gouverné par des lois qui ne sont pas faites pour lui, en raison de l'incompétence des faiseurs de constitutions (*Lettres* 100, 101).

● Contre l'absolutisme

La réflexion politique, confiée prioritairement à Usbek, passe par une référence qu'il connaît bien : le despotisme oriental, forme exagérée de la royauté absolue. Dans l'ombre d'Usbek, Montesquieu rappelle que l'empire turc ou le tsarisme de Russie ne sont jamais éloignés de la barbarie (*Lettres* 19, 51). Il déclare que la tyrannie des princes d'Asie est en fait synonyme de fragilité. « Malheureux le roi qui n'a qu'une tête ! », s'exclame Usbek. En effet, le gouvernement sans partage est d'une nature à interdire tout espoir d'évolution. Il favorise par là les violences et les révolutions de palais (*Lettres* 102, 103).

Moins absolu, le despotisme à l'occidentale peut être corrigé. Il faut, pour cela, plus de justice dans le droit public (*Lettre* 94), un contrat liant le prince à ses sujets (*Lettre* 104), pense Usbek. Que le législateur, le souverain, s'inspirent davantage des principes de l'autorité paternelle (*Lettres* 102, 129). Quant à Rhédi, il se demande si la meilleure forme gouvernementale ne serait pas un compromis entre république et monarchie éligible, contrôlée (*Lettre* 131). C'est alors que Rica voit un modèle dans la royauté anglaise : l'histoire montre que des contre-pouvoirs y limitent l'absolutisme. Aussi regrette-t-il qu'on cherche en France à réduire la puissance parlementaire (*Lettres* 136, 140)[1].

Ces lettres politiques forment le noyau d'une pensée réformiste qui trouvera sa synthèse en 1734 et en 1748 dans l'œuvre de Montesquieu[2].

Les lettres philosophiques

Elles constituent le maillon le plus profond de la « chaîne secrète ». Brassant les valeurs islamiques et chrétiennes, elles esquissent une certaine idée de l'homme, au seuil d'un XVIIIe siècle épris d'humanisme et de liberté[3].

Nous verrons plus loin (voir p. 57) que ces lettres philosophiques prennent trois directions :
– La poursuite de l'idée de bonheur : peut-on vivre en harmonie avec le monde ? être maître de son existence sans asservir l'autre ? Les progrès intellectuels et matériels

---

1. Voir p. 7.
2. D'abord la théorie du déterminisme historique dans les *Considérations sur les causes de la grandeur des Romains et de leur décadence* (1734) ; puis l'approche sociologique des institutions humaines dans *L'Esprit des lois* (1748), dont certaines thèses alimentent encore la pensée politique libérale d'aujourd'hui.
3. Par *humanisme*, entendons une pensée qui prend pour fin l'épanouissement de la personne humaine. Montesquieu a aussi les caractéristiques d'un humaniste de la Renaissance : il veut étendre son savoir, sans placer de barrières entre les diverses disciplines intellectuelles.

engendrent-ils le progrès moral ? (*Lettres* 10, 12, 67, 77, 97, 141).

– La réflexion religieuse et morale : comment se préserver de ce qui entrave le libre exercice du jugement et mène à l'intolérance ? Comment entendre les leçons de l'expérience ? (*Lettres* 16, 17, 18, 35, 46, 69, 83, 85, 97).

– La réflexion sur les sociétés : l'examen de leurs fondements permet-il d'assigner à l'individu une juste place dans son milieu, dans son pays, dans le concert des nations ? (*Lettres* 106, 112 à 122).

Et l'on constatera avec Montesquieu que bien penser ne met pas le philosophe à l'abri des contradictions. Les *Lettres* 147 à 161 nous montrent Usbek anéanti par la violence despotique.

4 Usbek et Rica, les deux personnages principaux

Pour ce roman d'idées, Montesquieu a surtout créé des idées de personnages ; ce qu'ils disent d'eux-mêmes ou ce que d'autres disent d'eux est assez limité. Toutefois, en tant qu'auteurs principaux des lettres[1], Usbek et Rica acquièrent une psychologie, une personnalité liées à leur âge et à leur position sociale.

Usbek n'est plus un jeune homme : il a de nombreuses épouses ; son expérience de la cour lui confère une maturité politique et sa maturité intellectuelle lui donne le droit de former Rica. Son disciple, en effet, est encore à l'âge de la formation. Il n'a d'autres attaches que sa mère et son appartenance aux milieux privilégiés d'Ispahan (*Lettre* 5). Il plaît par la jeunesse et l'esprit. Il ressort de cette analyse que, si le maître et le disciple sont proches, ils vont se différencier par les façons d'être, de sentir, d'observer, de penser.

En envoyant à Paris ce visiteur « à deux têtes », Montesquieu transmet aux lecteurs de son époque un don de « double vue ».

■■■■ USBEK, L'HOMME DES CONTRADICTIONS

Qui est Usbek ?

Il est musulman, un de ses frères est religieux, un de ses cousins, moine (*Lettres* 93 et 95). Il n'oublie pas en partant de prier dans la ville sainte de Com. En tant que sultan, il est maître d'un sérail qui renferme les « plus belles femmes de

---

1. Usbek écrit 78 lettres et Rica 46 sur les 161 du recueil. Il en reste donc 37 pour les autres personnages, plus épisodiques.

Perse », selon ses dires. Il a les moyens de les faire vivre dans un cadre raffiné ; il possède des propriétés « à la campagne » où ses eunuques conduisent ses épouses afin de les désennuyer. Mais il ne transige pas avec les règles de l'honneur oriental et fait protéger, par la violence si besoin est, son « cheptel » féminin. Plaît-il aux femmes ? Ses épouses semblent dès les premières lettres souffrir de son absence physique. Mais il sait surtout jouir des mille et un plaisirs que celles-ci, nombreuses, ont appris à lui procurer. Aussi, loin d'être lui-même asservi aux choses du sexe, il pense tirer sa puissance de la frustration féminine (*Lettres* 1 à 7).

Cela dit, il est parmi les Persans un des rares « que l'envie de savoir ait fait sortir de (son) pays ». Il ne borne pas ses connaissances à la seule « lumière orientale » et accepte l'aventure d'un lointain voyage « pour aller chercher laborieusement la sagesse » (*Lettres* 1 et 5). De plus, ayant combattu la corruption à la cour de Perse, il s'est fait de nombreux ennemis, ce qui l'a poussé à prendre une semi-retraite. Le projet de s'instruire « dans les sciences de l'Occident », qu'il a présenté à son roi comme utile, masque une fuite : on complote contre lui (*Lettre* 8). Son départ désole le petit cercle des lettrés dont il est « l'âme » et, même lorsqu'il est en voyage, ils font appel à ses lumières. Comme la liberté est étroitement surveillée à Ispahan, il a dû demander au souverain la permission de quitter le royaume (*Lettres* 8 et 10).

Comment Montesquieu traite-t-il Usbek ?

Il lui prête le sérieux philosophique, la profondeur politique et l'indignation morale. Il en fait un être anxieux, comme en témoigne Jaron, l'eunuque noir de sa suite (*Lettre* 22). Le sentiment de l'usure des œuvres humaines l'habite et pourtant il croit au progrès[1]. Usbek est donc un personnage

---

1. On peut mettre en regard la nostalgie de l'histoire des Troglodytes (*Lettres* 11 à 14) et la *Lettre* 106, dans laquelle Usbek fait l'apologie de la culture et du progrès industriel et commercial en Occident.

conflictuel : sa raison, son esprit réformiste se heurtent au regret d'un ordre « naturel » du monde à jamais disparu. De plus, ce raisonneur lucide à Paris est un mari tyrannique à Ispahan, malgré ses désirs d'adoucir les mœurs du sérail. C'est pourquoi il résiste longtemps aux rappels à l'ordre de ses eunuques. Mais quand tout craque dans son palais, sa réaction violente est celle d'un philosophe déçu et d'un privilégié affolé. Il espérait que sa position lui permettrait de s'oublier dans l'austérité de l'étude, mais sa morale islamique et ses réflexions de « phallocrate » anéantissent son libéralisme de pensée.

La chute d'Usbek

Souvent porte-parole de Montesquieu, Usbek ne peut être identifié à lui. La situation tourne trop à son désavantage, la marche des événements contredit ses propos. Ses idées et ses conduites ne sont pas adaptées au monde. En rupture avec l'Orient, mal intégré en Occident, il se replie de plus en plus sur lui-même et poursuit des chimères. Il cherchait la sagesse et il rencontre la difficulté d'être d'un idéaliste, à Ispahan comme à Paris (*Lettre* 45). Au dénouement, il découvre qu'il régnait sur des semblants d'hommes, gardiens d'un semblant de vertu féminine. Il voulait comprendre le monde pour le réformer et il comprend chaque jour davantage l'imperfection du monde à travers sa propre imperfection.

Déçu par la réalité, usé par les ans, exilé de l'intérieur, Usbek cède au désespoir. La dernière lettre de son séjour parisien est un monologue vengeur et suicidaire (*Lettre* 155). Malgré les ennemis politiques qui l'attendent à Ispahan, il veut rentrer au sérail pour y demander des comptes : « J'irai m'enfermer dans des murs plus terribles pour moi que pour les femmes qui y sont gardées. » Il voulait s'ouvrir sur le monde, mais il retourne derrière ces murs, symbole du despotisme. Le destin d'Usbek semble nous dire que la théorie du « despote éclairé », que soutiendront un temps Voltaire et Diderot, connaît un vice de forme.

■■■■ RICA,
LE DÉMYSTIFICATEUR

Nos voyageurs sont partis depuis un mois. Rustan écrit à Usbek : « La mère de Rica est inconsolable, elle te demande son fils, que tu lui as, dit-elle, enlevé » (*Lettre* 5). Il ne faut pas croire ce propos. Rica quitte son pays et sa famille sans regret. À la différence d'Usbek, installé socialement, il n'a rien à perdre. D'autre part, si certains Français du début du XVIIIe siècle sont habités par le rêve de l'Orient, Rica porte en lui celui de l'Occident. Qui pousse l'autre, en effet, quand on lit sous la plume d'Usbek : « Nous partirons demain pour Marseille ; notre séjour n'y sera pas long. Le dessein de Rica et le mien est de nous rendre incessamment à Paris, qui est le siège de l'empire d'Europe » (*Lettre* 23) ? Et n'est-ce pas Rica qui inaugure, dans la *Lettre* 24, les chroniques parisiennes ?

La vitalité de Rica

Les premiers mots de cette lettre lui ressemblent : « Nous sommes à Paris depuis un mois, et nous avons toujours été dans un mouvement continuel ». L'agitation parisienne lui convient mieux que la lenteur orientale. Usbek confirme bientôt, auprès d'Ibben, l'adaptation du jeune homme : « il m'a dit qu'il te parlait beaucoup de ce pays-ci. La vivacité de son esprit fait qu'il saisit tout avec promptitude » (*Lettre* 25). On voit au fil des lettres se marquer la différence entre Usbek et Rica. Triste, dépressif, peu intégré, le premier dit du second : « Rica jouit d'une santé parfaite : la force de sa constitution, sa jeunesse et sa gaieté naturelle, le mettent au-dessus de toutes les épreuves » (*Lettre* 27). On peut alors penser que c'est Rica qui insufflera à son aîné l'énergie nécessaire pour accomplir l'œuvre d'observation. Le jeune homme lui fera oublier momentanément les tracas du sérail, en ouvrant devant eux les portes de l'univers parisien. Usbek confie à Rhédi : « Tu ne le croirais pas peut-être : nous sommes reçus agréablement dans toutes les compagnies, et dans toutes les sociétés. Je crois devoir beaucoup à l'esprit vif et à la gaieté naturelle de Rica, qui fait qu'il recherche tout le monde, et qu'il est également recherché » (*Lettre* 48). C'est cette jovialité, cette sociabilité que regrettaient au début les amis éclairés d'Ispahan.

Une initiation réussie

Pendant le séjour parisien, Rica acquiert l'autonomie que son jeune âge et les mœurs rigides du monde musulman lui interdisaient de réaliser. Plus il s'assimile au mode de vie occidental, plus il est autonome. On le voit, par exemple dans la *Lettre* 30, se vêtir à l'européenne. Certes, il perd d'un coup « l'attention et l'estime publique » en tant qu'objet de curiosité. Mais ce n'est pas pour lui déplaire et l'on sait que ses dispositions naturelles lui permettront de les retrouver rapidement. Si, en Perse, Usbek était le maître de Rica, à Paris, c'est la vie parisienne qui forme le jeune homme. Aussi n'est-on pas étonné de voir Usbek écrire en octobre 1719 : « J'ai pressé mille fois Rica de quitter cette terre étrangère : mais il s'oppose à toutes mes résolutions ; il m'attache ici par mille prétextes : il semble qu'il ait oublié sa patrie ; ou plutôt, il semble qu'il m'ait oublié moi-même, tant il est insensible à mes déplaisirs » (*Lettre* 155). Ingratitude de la jeunesse parvenue au terme de son initiation !

Si, en 1720, Rica n'écrit plus, c'est qu'il est devenu un vrai Parisien qui a ses entrées dans le monde. Mais de ses origines lui restent son regard persan (« perçant », devrait-on écrire), la bonne distance critique à l'égard de la vie frivole qu'il mène.

Quel emploi Montesquieu a-t-il réservé à Rica ?

« Ri-ca », cela crépite. Comme son nom le suggère, le personnage aime ricaner : à lui l'humour, le sarcasme. Ravi de découvrir le monde, il est vorace, a la dent dure. Il se jette joyeusement dans la « jungle » parisienne où il décèle le pittoresque, les bizarreries, les ridicules. Sa faim des plaisirs terrestres lui ouvre les portes de la « bonne société ». Il l'égratigne bientôt de sa plume, assimilant avec aisance le badinage, le persiflage, les codes artificiels de la mondanité. Loin d'en éprouver de la répugnance comme Usbek, le cadet « explose » dans les salons, à la Comédie ou à l'Opéra, tous ces lieux fréquentés par les gens à la mode[1]. Son talent d'écrivain satirique corrige la vision désabusée que développe son aîné. C'est à lui d'exercer l'ironie libératrice ; aussi n'est-il pas surprenant que Montesquieu lui ait confié la première description de Paris et les premiers coups de griffe à l'encontre des « deux idoles » que sont le pape et le roi. Dans le Paris de la Régence, il fait une entrée étourdissante, propre à séduire les beaux esprits et les élégantes (*Lettre* 24).

Pour conclure, si Usbek est l'homme des grandes interrogations et de l'ironie amère, Rica est le « garnement » qui brise les mythes, gratte le vernis culturel et arrache les masques de la comédie sociale. Grâce à eux, Montesquieu redouble ses attaques en surface comme en profondeur.

---

1. Il faut lire et relire pour le plaisir les *Lettres* 28, 52, 54, 63.

5 La galerie des autres personnages

LES PERSANS « ÉCLAIRÉS »

Quelques personnages, liés par l'amitié à Usbek et à Rica, partagent leurs idées : ils s'interrogent, lisent, philosophent. Certains sortent même de Perse pour enrichir leur expérience. Ils constituent trois générations.

Mirza, Rustan, Nessir, membres de la noblesse « éclairée »

Confidents d'Usbek, ils critiquent eux aussi la corruption, les intrigues de cour, le conservatisme et l'absence de liberté en Perse. Comme ils raisonnent en hommes et non en croyants, les « mollaks » les désespèrent avec leurs continuelles références au Coran[1].

Les anciens

Ibben est le plus âgé. Il réside à Smyrne, fenêtre commerciale ouverte sur l'Occident. Homme d'échange, ami hospitalier, il est curieux des mœurs de la France ((*Lettre* 25). *Nargum*, envoyé de Perse en Moscovie, se sent seul dans les brumes d'un « climat affreux ». Il dresse un sombre tableau de la Russie : absolutisme, esclavage, déportations, femmes

---

1. *Lettre* 10, de Mirza. Les « mollaks » sont les docteurs de la foi musulmane. On écrit aujourd'hui « mollah ». Ce titre leur confère un rôle politique, comme on peut le voir dans certains pays du monde islamique, où les fonctions juridiques et religieuses sont étroitement mêlées.

battues, « impérialisme »[1]. Le médecin juif, *Nathanaël Lévi*, correspond aussi avec le musulman Rica : ils s'entretiennent sur la frivolité des superstitions (*Lettre* 143).

La jeune génération

Rhédi est le troisième personnage important des *Lettres persanes*. Comme Rica, il incarne la jeunesse tournée vers la nouveauté. Tel un fils de famille occidental, il entreprend, avec la bénédiction de son oncle Ibben, un « grand tour » d'Europe[2]. Installé à Venise, il échange une correspondance colorée avec Paris. Rhédi veut accéder à tous les savoirs en véritable humaniste (*Lettre* 31). Mais, marqué par sa culture islamique, il se méfie du progrès occidental générateur de « fléaux » (*Lettre* 105). Usbek le comprend mais lui reproche sa tentation du retour à la « naïveté des temps anciens » et lui démontre que seule une nation industrieuse peut rayonner dans le monde contemporain (*Lettre* 106). Poursuivant l'idée de liberté « primitive », Rhédi cherche dans l'histoire des républiques des remèdes au despotisme et à la décadence des sociétés de l'époque (*Lettre* 131). Grâce aux amis « éclairés », la vision du monde s'élargit bien au-delà de l'axe Ispahan-Paris et les lettres développent un idéal humaniste et cosmopolite[3].

■■■■■■■ LES PERSANS « OBSCURANTISTES »

Au groupe précédent s'opposent des personnages qui refusent les lumières de la raison et s'enferment dans des certitudes religieuses inébranlables. Les réponses de ces

---

1. La *Lettre* 51 est très antidespotique.
2. Un voyage d'étude dans les villes de grand rayonnement intellectuel et artistique. Montesquieu fera aussi son tour d'Europe, accumulant les matériaux de son *Esprit des lois*.
3. On songe à cette phrase célèbre de Montesquieu : « Si je savais une chose utile à ma nation qui fut ruineuse à une autre, je ne la proposerais pas à mon prince, parce que je suis nécessairement homme, et que je ne suis Français que par hasard. »

« dervis » (théologiens) ou de ces « santons » (moines) ne sauraient convaincre Usbek qui doute.

Il faut leur parler une langue codée

Le premier interrogé est *Méhémet-Ali*, « gardien des trois tombeaux à Com », haut lieu de la religion persane. Son nom double, par opposition aux noms simples des autres, indique sa dignité. Comme on ne parle pas à brûle-pourpoint à un homme que Dieu inspire, Usbek écrit une lettre au style fleuri pour dire au « divin mollak » d'envoyer son courrier à Erzeron (*Lettre* 16). La flatterie reprend à la lettre suivante avant d'en venir au fait. Même cérémonial avec *Gemchid*, cousin d'Usbek mais « sublime dervis », ou avec le frère devant qui on « s'humilie ». Quant à *Hassein*, moine de la montagne de Jaron, il est un « sage dervis, dont l'esprit curieux brille de tant de connaissances » (*Lettres* 35, 93, 97). Voilà bien des manières ! Montesquieu, qui dit avoir voulu soulager son lecteur du « langage asiatique », garde ici le style sublime pour souligner par dérision la pesanteur des traditions.

Leurs réponses sont tout aussi codées

Les mollaks ne savent répondre que par d'obscurs passages du Coran. Ils ont sur les yeux le bandeau des dogmes et en main le livre du prophète. Qu'Usbek tente d'expliquer les tabous religieux par des répugnances naturelles et Méhémet-Ali réplique que toute philosophie est « vaine ». Une fable de Mahomet balaie les objections : on ne mange pas de porc parce que le cochon est né des « ordures » de l'éléphant ; le rat est sale parce qu'il est né de l'éternuement du porc (*Lettre* 18). Tout est écrit une fois pour toutes. Ces religieux, qui n'écoutent ni l'expérience, ni la raison, ont pour Usbek un langage éloigné des réalités physiques et sociales. Persans « éclairés » et Persans « obscurantistes » ne peuvent s'entendre, comme ne peuvent s'entendre une explication « scientifique » du monde et une « vérité » indémontrable, autrefois révélée aux prophètes.

■■■■■ LES EUNUQUES

Ces étranges personnages, ni hommes ni femmes, sont plus que des accessoires de la couleur locale[1]. Inclassable et fascinant, l'eunuque inquiète. « Je ne mets pas au rang des hommes ces eunuques affreux, dont la moindre imperfection est de n'être point hommes », écrit l'épouse Fatmé (*Lettre* 7).

Esclave méprisé, directeur de conscience, gardien haï d'une prison dorée, espion et policier, chambellan et parfumeur, courtisan et ministre d'un « État despotique », l'eunuque connaît les secrets du sérail. Il en fait respecter la règle quasi monastique. Il est puissant parce qu'il est l'œil du maître qui pénètre partout ; il est faible parce qu'il est soumis aux caprices de son seigneur et des épouses. Il exerce un rôle aussi bien sacré que bassement matériel.

Les femmes font exécuter aux eunuques les travaux les plus vils ; en revanche, ils ont le pouvoir de sévir physiquement et psychologiquement. Le chef des eunuques noirs explique comment on peut jouer habilement de la rivalité des épouses, et Solim fera subir à ses « maîtresses » des séances de fessées, prélude à la répression finale (*Lettres* 64 et 157). L'eunuque sert donc avec zèle le despotisme du sérail. S'il n'égale pas l'homme dans la possession physique, il a d'autres ressources. Dans le palais clos où suinte l'ennui, il étudie patiemment la femme et agit parallèlement sur le maître pour mieux asservir la dame. Parce qu'il fait écran entre les désirs de l'homme et les femmes-objets, il est finalement plus maître que le maître. De cette manière, le Grand Eunuque et Solim son successeur conduiront Usbek à leur céder le gouvernement (*Lettres* 151, 159, 160).

■■■■■ L'ÉVENTAIL FÉMININ

Dans les *Lettres persanes*, l'image féminine occupe à peu près une lettre sur deux. Le roman de sérail semble faire de la femme une grande préoccupation. Pourtant, entre Usbek

---

1. *Lettre* 2. Usbek y définit parfaitement les fonctions et la condition qu'il assigne à ses eunuques.

et ses épouses les échanges sont rares[1]. De son côté, cela confirme la distance qu'il met entre sa personne et les « faiblesses » de l'amour(*Lettre* 6). Du leur, la patience semble infinie, à moins que leur soumission ne soit une façade, malgré les protestations amoureuses du début.

Cinq voix féminines

Le portrait des épouses est difficile à esquisser : peu de détails physiques, caractères, occupations, loisirs simplement suggérés. Une lettre de Zachi nous apprend qu'elles se reçoivent mutuellement, qu'il leur arrive de se brouiller (*Lettre* 47). Parfois, les eunuques les mènent à la campagne dans certaines propriétés d'Usbek et ces voyages qui se font dans des « boîtes » ressemblent à des expéditions (*Lettres* 3 et 47). Que de précautions pour dérober le « trésor » féminin à la vue du monde ! On tue parfois les curieux. Le sérail se déplace avec sa clôture : les parois de la boîte remplacent les murs du palais.

Le harem d'Usbek est « nombreux », mais cinq voix féminines seulement se font entendre. Il y a d'abord *Zachi*, *Zéphis* et *Zélis* qui ont en commun un « z » bourdonnant et un « i » aigu. Incarnent-elles la jaserie, les criailleries, la zizanie ? Puis vient *Fatmé*, au nom plus lourd et langoureux, la plus ancienne, la plus fidèle. La cinquième paraît différente : c'est *Roxane*, la préférée d'Usbek. Étymologiquement, son nom signifie l'ardente, la rousse. Son personnage appartient à la tradition tragique et fait songer à son homonyme, l'héroïne de Racine, dans *Bajazet*[2]. Encore proche du XVIIe siècle, le lecteur sait à quoi s'en tenir : qui touche à Roxane se brûle.

----

1. Usbek leur envoie 4 lettres et elles lui en adressent 11 en tout. *Lettres* 3, 4, 7, en 1711. *Lettres* 47, 53, 62, 70, en 1713 et 1714. *Lettres* 156, 157, 158, 161, en 1720. Cela fait trois séries séparées de missives et un intervalle de six ans entre la *Lettre* 70 de Zélis et la *Lettre* 156 de Roxane.
2. La tragédie de Racine, *Bajazet*, date de 1672. Montesquieu possédait les œuvres complètes de Racine dont il aimait le naturel des vers, un naturel étudié. Il s'est peut-être souvenu de l'héroïne de cette pièce pour esquisser sa propre Roxane. Toutes deux ont le même caractère farouche et expriment la même violence, la même haine. Elles trahissent toutes deux leur époux et finissent par en mourir, la Roxane de Racine assassinée, celle de Montesquieu se suicidant.

De l'érotisme à la révolte

Les *Lettres* 4 et 7 nous informent de la vie étouffante du harem : frustration constante, caresses interdites, compensations furtives, voyeurisme des eunuques. Domine le sentiment que, si le sérail est un lieu de plaisir pour le maître, il est pour ses femmes un lieu d'esclavage. L'absence d'Usbek est un redoutable révélateur.

● Zachi, ou la femme enfant

Zachi évoque complaisamment les secrets du harem. Il y a chez elle un exhibitionnisme sensuel : elle confond érotisme et sentiment amoureux. Elle s'est un jour prêtée, au milieu des autres femmes, à un petit jeu qu'elle rappelle comme la marque d'un privilège[1]. Passive, elle attend les désirs de l'homme. Elle se plaint parfois de la cruauté des eunuques et cherche des compensations auprès d'une esclave ou d'un eunuque blanc. On la grondera pour cette infraction. D'intelligence moyenne, Zachi est le jouet des autres. Aussi recevra-t-elle « ce châtiment qui ramène pour ainsi dire à l'enfance » : une fessée. Quand la répression s'abat sur le harem, elle n'a toujours pas compris : persuadée que les eunuques agissent de leur propre chef, elle réclame l'arbitrage d'Usbek.

● Zélis, ou la femme double

Zélis ne se contente pas, comme Zachi, d'une rêverie inconsistante sur le passé « amoureux ». Concrète, elle envisage l'avenir. Ainsi, le mariage sans satisfaction sexuelle entre une esclave et un eunuque la rend perplexe. Elle énonce, ce qui ne déplaira pas à Usbek, les préceptes pour former une adolescente à la condition du sérail (*Lettre* 62). Elle relate les mésaventures conjugales de la fille de Soliman, ami d'Usbek, et aborde l'épineux problème de la virginité (*Lettre* 70). Enfin, quand elle s'insurge contre les châtiments infligés au harem, elle sait d'où viennent les coups.

Curieux personnage, Zélis est une femme qui réfléchit sur sa condition, sur le droit au plaisir ; pourtant, elle ne discute jamais le principe que la femme est « par nature » soumise

---

1. Pour les indiscrétions de Zachi, lire les *Lettres* 3, 20, 157.

à l'homme, flattant la vanité masculine. Or cette soumission n'est qu'apparente. Zélis est un agent double. Usbek n'a pas entendu ses avertissements (*Lettre* 68) : elle a, dans sa prison, goûté « mille plaisirs » qu'il ignore ; elle est en vérité plus libre que lui. Dans sa dernière lettre, dénonçant l'hypocrisie de la répression, elle déclare à son époux qu'il n'est qu'un tyran. Il apprendra qu'elle donne des rendez-vous galants dans ses lointaines propriétés et apparaît dévoilée en public. Zélis, qui énonce pieusement la loi du mâle et l'enfreint en même temps, prépare la révolte de Roxane.

● Roxane, ou la femme de feu

On parle d'elle avant qu'elle ne parle, c'est la marque des héros. « Roxane n'a d'autre avantage que celui que la vertu peut ajouter à la beauté », écrit Usbek à Zachi (*Lettre* 20). Sa peau blanche, sa chevelure flamboyante ont attisé ses désirs. Il se souvient, attendri, de la lutte qu'il a livrée à cette vierge rétive, armée d'un poignard (*Lettre* 26). Quant à Solim, eunuque machiavélique, il déclare qu'au milieu des désordres « la seule Roxane est restée dans le devoir, et conserve de la modestie » (*Lettre* 5.) On comprend sa position de favorite.

Enfin, elle parle. Coup de théâtre, elle dénonce la dictature des eunuques (*Lettre* 156) et du maître confondus, les avertissant « que ses peines finiront avec [sa] vie ». Deux mois plus tard, la lettre du dénouement confirme qu'Usbek s'était abusé. Roxane a corrompu les domestiques pour commettre l'adultère : on vient de tuer son amant. Elle signe alors son indépendance d'un coup d'éclat en s'empoisonnant.

Sa réserve tant vantée signifiait qu'elle attendait son heure. La plus politique des femmes, elle a su garder sa liberté intérieure dans l'enceinte du sérail. Par son refus d'être violée, elle rejetait autrefois le modèle de la faible femme, comme elle rejette maintenant la fameuse « vertu » dont l'homme profite. De plus, Roxane choisit sa mort, comme elle a librement choisi un jeune amant, suivant en cela la loi naturelle et niant l'hypocrisie du mariage forcé.

Sa mort lui donne une dimension tragique, celle du martyre de la féminité. Punissant celui qui croyait punir, elle recouvre sa dignité et rend Usbek indigne. Il revendiquait le droit de chacun au suicide (*Lettre* 76) ; or c'est une femme qui réalise ses idées. Voilà qui est audacieux pour l'époque :

l'homme devient passif et la femme agit en se libérant. Nous sommes encore loin de la Révolution de 1789 ; pourtant une bouche féminine crie dans les *Lettres persanes* : « La liberté ou la mort ! », celle de l'ardente Roxane.

■■■■■ UN PERSONNAGE MULTIPLE : L'OCCIDENT

La galerie des personnages orientaux présente une humanité variée et contradictoire. Ces hommes et ces femmes cherchent une vérité et un bonheur difficiles à atteindre, car le poids des traditions et des préjugés enferme les êtres dans un monde imperméable au changement. Or Montesquieu met ce monde en contact avec l'Occident chrétien, ce qui impose deux remarques.

Les Persans ont une identité, une psychologie, une histoire, tandis que les Occidentaux n'existent pas individuellement, comme s'ils étaient les facettes d'un personnage unique. Autre différence, si les personnages orientaux sont romanesques, « le » personnage occidental, lui, est théâtral. Il fait ses entrées et ses sorties, en tant qu'acteur d'une comédie sociale. Défilent coquettes, mondains, courtisans, alchimistes, fermiers généraux, directeurs de conscience, hommes à bonnes fortunes, capucins, beaux esprits, charlatans, magistrats frivoles, académiciens gâteux, nouveaux riches... et un certain « Monsieur Law » qui fait et défait les fortunes. Dès la *Lettre* 24, le roi et le pape, ces « magiciens », ont mis en mouvement le kaléidoscope de l'Occident.

Montesquieu ne structure pas le regard, saisit sur le vif silhouettes et croquis, car pour bien comprendre un monde, il faut « voir le tout ensemble », comme il l'écrit dans son *Journal de voyage*. Une procession de parasites aboutit à la vision fragmentée d'un personnage en perpétuelle représentation. Ce grouillement social et ces gestes dénués de sens font de l'univers occidental un grand théâtre des apparences.

6 La critique de la société dans les Lettres persanes

Déplorer l'immobilisme des dernières années du règne de Louis XIV, et les maladresses politiques de la Régence ne fait pas de Montesquieu un écrivain pré-révolutionnaire. Attaché aux structures monarchiques et nobiliaires, il souhaite seulement des réformes. Mais il faut pour cela libérer les esprits, ébranler les préjugés.

CRITIQUE DE LA VIE SOCIALE

Tout est spectacle

Dans les *Lettres persanes*, la société française est comparée à une sorte de théâtre[1]. Rica en est convaincu à la Comédie-Française où « tout le peuple s'assemble sur la fin de l'après-midi, et va jouer une espèce de scène ». Par un jeu d'inversion, le spectacle n'est pas sur la scène, mais dans la salle, dans les foyers, dans les loges des artistes. On y donne des pantomimes à faire pâlir de jalousie un comédien professionnel. Sentiments, passions, gestes sont si bien interprétés que rien, finalement, ne paraît vrai. « On en voit même qui, [s'étonne Rica], par un prodige qu'on n'aurait osé espérer de leurs béquilles, marchent et vont comme les autres » (*Lettre* 28). Même les plus vieux des spectateurs font tout leur possible pour participer à cette grouillante représentation de la comédie sociale. La clé de toute la critique est là.

---

1. Voir chapitre précédent, p. 47.

La société française, en 1721, se donne en spectacle à elle-même. Chacun, tel un acteur, y joue un rôle, comme le constate Usbek dans une réception mondaine. Le fermier général, de basse origine et enrichi par le recouvrement des impôts, veut passer pour un homme de qualité. Le confesseur, le poète, le vieux militaire, constituent un échantillon de profiteurs plus ou moins malins (*Lettre* 48). Deux « beaux esprits » qui voudraient passer pour brillants dans les salons répètent un duo de clowns (*Lettre* 54). Quant aux grands du royaume, ils laissent admirer à chacun le spectacle de leur fausse dignité (*Lettre* 74).

Tout est vanité

La vie intellectuelle glisse sur la même pente. Quoi de plus vain en effet qu'une querelle de café vidée à coups d'injures et de gifles ? Surtout quand on se bat pour la réputation d'Homère, « vieux poète grec » dont l'excellence est indiscutable (*Lettre* 36). Paris n'est qu'un vaste salon où l'on se montre pour parler de riens.

Il y faut toujours séduire. Chacun offre de soi une image avantageuse et lassante. Rica soupire : « Je vois, de tous côtés, des gens qui parlent sans cesse d'eux-mêmes ; leurs conversations sont un miroir qui présente toujours leur impertinente figure » (*Lettre* 50). Les femmes, condamnées à la coquetterie, doivent paraître gaies et ne jamais vieillir (*Lettres* 52, 110). En fin de compte, la France ressemble à une terre d'inquiétude livrée aux jeux de hasard et soumise aux inconstances de la mode (*Lettres* 56, 99).

La caricature de l'incompétence achève le tableau. De l'homme de la rue au ministre, du salon à l'Université, nul n'est épargné. Les magistrats sont ignorants et légers (*Lettre* 58). Dans tous les débats, on affronte les « décisionnaires » (équivalents de nos actuels technocrates) qui règlent sur-le-champ les plus graves problèmes (*Lettre* 72). Les bibliothèques regorgent de livres creux (*Lettre* 66). Les vénérables institutions confirment la règle, jusqu'à l'Académie française, le corps le moins respecté, car « ceux qui la composent n'ont d'autres fonctions que de jaser sans cesse ». Ainsi, ce n'est pas là que se forge la langue, mais dans le peuple (*Lettre* 73). En 1721, la vie sociale du pays semble frappée d'incapacité.

Partout, des grimaces ; partout, un faux savoir.

■■■■■ CRITIQUE DE LA VIE POLITIQUE

« Le roi de France est vieux », écrit Ubsek en mars 1713 (*Lettre* 37). La fin du règne de Louis XIV, dont l'absolutisme a verrouillé la vie publique, est pour Montesquieu une longue attente. Enfin, le 4 septembre 1715, Ubsek annonce : « Le monarque qui a si longtemps régné n'est plus » (*Lettre* 92) et formule l'espoir d'un grand changement.

La Régence : un espoir déçu

Pour asseoir sa nouvelle autorité, le Régent[1] Philippe d'Orléans s'est appuyé sur les parlements muselés par Louis XIV. C'est bon signe pour Montesquieu qui voit dans les parlements l'expression de la « liberté publique »[2]. Mais, deux lettres de Rica, datées de janvier et juillet 1720, traduisent la déception de l'auteur. Les cabinets ministériels de la Régence ont enfanté des projets inefficaces. Il reste toujours des finances malsaines, une énorme dette publique, une pesanteur administrative. Pire, le Parlement de Paris n'est pas le contrepoids au pouvoir souhaité par Montesquieu ; il est réduit à enregistrer les décisions venues d'en haut (*Lettres* 138, 140).

Les causes de l'échec

Pour guérir l'incapacité de réforme, il faudrait modifier la législation française : elle est encombrée de lois héritées de

---

1. Louis XV, « arrière-petit-fils du monarque défunt, n'ayant que cinq ans, un prince, son oncle, a été déclaré régent du royaume » (*Lettre* 92). Philippe d'Orléans exercera donc le pouvoir par intérim de 1715 à 1723, jusqu'à la majorité politique de Louis XV, soit 13 ans.
2. Pour la définition des *parlements*, voir ci-dessus, p. 7. Rappelons que Montesquieu était président du Parlement de Bordeaux.

l'ancien droit romain, à l'époque où les papes avaient la suprématie sur l'Europe. Derrière Rica, le juriste Montesquieu dénonce le formalisme des lois du royaume qui rend les juges tâtillons et la justice inopérante. Il plaide pour un droit plus national, pour une législation plus adaptée (*Lettre* 100). Celle-ci doit toutefois respecter les grands principes inscrits dans la nature des choses et de l'homme, idée qu'Usbek a soutenue par ailleurs : « Voilà, Rhédi, ce qui me fait penser que la justice est éternelle et ne dépend point des conventions humaines » (*Lettre* 83). Universalité des principes, particularités des lois, obéissant aux climats, à la géographie et à l'histoire, on voit s'esquisser la théorie que Montesquieu développera dans *L'Esprit des lois*.

Une réforme législative faciliterait les réformes politiques et éviterait au pays d'être la proie des hommes providentiels et des aventuriers. Ainsi, les *Lettres* se font l'écho du dernier scandale de la vie publique : la faillite de la réforme financière, tentée par le banquier écossais Law[1]. Montesquieu tire à boulets rouges sur « l'étranger » qui a mis le royaume sens dessus dessous, provoquant des enrichissements fabuleux et des ruines spectaculaires. Toute une société s'est corrompue, cédant à l'appât du gain. Aussi Montesquieu fait-il dénoncer par Usbek « l'affreux néant » dans lequel a sombré le pays. La litanie des « J'ai vu » qui ponctuent le réquisitoire fait dire qu'il y a du journalisme d'opinion dans les *Lettres persanes*[2].

■ CRITIQUE DU ROI ET DU PAPE

À Paris depuis un mois, Rica s'attaque dans la *Lettre* 24 aux deux piliers du pouvoir, le roi et le pape.

Il fait d'eux des bonimenteurs de foire. Le roi a-t-il des difficultés de trésorerie ? Il décrète une dévaluation. Veut-il faire la guerre ? Sa signature sur un papier lui apporte des fonds. Le pape pratique aussi l'illusion. Il fait admettre que Dieu

---

1. Pour comprendre le *Système de Law*, voir p. 21, note 1.
2. Voir successivement les *Lettres* 138, 142, 146.

a trois personnes (« trois ne sont qu'un »)[1] : que le pain et le vin représentent autre chose que des nourritures terrestres[2]. Bien entendu, dans sa naïveté d'étranger, Rica fait fi des mystères et des dogmes de la foi chrétienne. Mais la fausse ingénuité du propos que lui prête Montesquieu rappelle une vérité essentielle : la puissance politique et religieuse a toujours une fonction magique.

La royauté s'incarne en Louis XIV, monarque capricieux, attaché à son trône et à la vie. Un « vieux » roi en despote oriental, c'est le portrait qu'Usbek trace de lui. Celui d'un prince paradoxal : avare et dépensier, lucide et aveugle, ayant une vieille maîtresse et un jeune ministre[3], pieux mais haïssant les dévots, effacé mais soucieux de sa gloire. Du fond de son palais, cerné de courtisans, il distribue des récompenses selon son humeur (*Lettre* 37). Son despotisme répand ce que Montesquieu, gentilhomme provincial, déteste : le poison de l'uniformité ; car « l'âme du souverain est un moule qui donne forme à tous les autres » (*Lettre* 99).

Quant au pape qui est, selon Rica, « une vieille idole, qu'on encense par habitude », il conserve une influence assez néfaste pour la paix intérieure du royaume. Il est le « chef » d'une armée de croyants qui peut à tout moment réveiller l'intolérance, et, bien que sa puissance décline, le successeur de saint Pierre a toujours « des trésors immenses, et un grand pays sous sa domination » (*Lettre* 29).

Pour Montesquieu, il faut démystifier les puissances en soulignant les moyens dont elles disposent pour agir sur les esprits.

■■■■ CRITIQUE DE LA RELIGION

Montesquieu prolonge sa critique. Contrairement aux idées reçues de son temps, il soutient que l'influence de l'Église romaine en France et le catholicisme d'État sont un danger pour la paix sociale.

---

1. Allusion au mystère de la Sainte Trinité : le Père, le Fils et le Saint-Esprit ne formant qu'un seul Dieu dans la religion chrétienne.
2. Dans la communion chrétienne, le pain représente la chair du Christ et le vin son sang, symboles de son sacrifice pour racheter les hommes.
3. Mme de Maintenon et le marquis de Cany.

Religion et désordre

La hiérarchie ecclésiastique apparaît composée de législateurs pointilleux, obsédés par l'hérésie et qui veulent coûte
que coûte diriger les consciences (*Lettre* 29). Il en résulte des
« pratiques » compliquées, des comportements contraires
aux principes, des querelles théologiques. Qui veut garder
la foi a du mérite dans un royaume, « celui du Christ », où
l'on connaît « tant de guerres civiles ».

Non contents de s'entre-déchirer, les chrétiens exportent
leurs croyances. C'est pourquoi Rica renvoie avec mépris un
moine capucin, venu lui demander d'intercéder en sa faveur
auprès du roi pour la fondation d'une mission en Perse
(*Lettre* 49). L'indignation de Rica est celle de Montesquieu
qui ne supporte pas le prosélytisme[1].

Comment se fier, ajoute Usbek, à des confesseurs qui, pré-
tendant guérir les âmes, violent les secrets intimes ? Aux
« casuistes »[2] qui, au détour d'un raisonnement filandreux,
réconcilient le crime et la bonne conscience ? Ces gens se
rendent « nécessaires » parce qu'ils offrent à chacun un
accommodement avec le ciel. « Nous troublons l'État »,
avoue dans un accès de sincérité un religieux. Éloigné de son
rôle spirituel, mêlé à la vie publique et privée, l'État ecclésiastique est un État dans l'État (*Lettre* 61).

Obscurité
et parasitisme

Sûrs de détenir la vérité, les gens d'église ne se soucient
d'aucune démonstration. Ils se retranchent derrière les obs-
curités de la doctrine et, sur ce point, Montesquieu renvoie
dos à dos les chrétiens et les musulmans. Déjà échaudé par
les religieux persans, Usbek rétorque à un évêque qui se dit
éclairé par le Saint-Esprit : « De la manière dont vous avez
parlé tout aujourd'hui, je reconnais que vous avez grand

---

1. Le *prosélytisme* est l'ardeur de convertir les autres à sa propre
croyance. C'est, selon Montesquieu, la marque de l'intolérance.
2. La *casuistique* est une partie de la morale et de la théologie qui
traite des cas de conscience. Le nom « casuiste » a fini par désigner
celui qui argumente trop subtilement.

besoin d'être éclairé » (*Lettre* 101). Par ailleurs, comment une religion révélée par Dieu a-t-elle pu susciter tant d'écrits théologiques ? Le bibliothécaire qu'interroge Rica y voit les manifestations d'un délire qui serait poétique s'il ne soufflait par la même occasion l'esprit de guerre civile (*Lettre* 134).

Dernière aberration, le célibat des prêtres. Soucieux de démographie, Usbek fulmine contre « la continence éternelle des dervis ». Le monde des couvents est une entreprise de mort, car qu'est-ce qu'une « vertu dont il ne résulte rien » ? Les religieux vivent aux dépens du pays ; ils paralysent la circulation des richesses en les accumulant sans les réinvestir. Voilà « une société de gens avares, qui prennent toujours et ne rendent jamais » (*Lettre* 117).

Reconnaissons, qu'on soit lecteur du XVIIIᵉ ou du XXᵉ siècle, le caractère mordant de la satire dans les *Lettres persanes*.

■■■■■ CRITIQUE DU COLONIALISME

Outre le prosélytisme chrétien, Montesquieu dénonce un autre expansionnisme qui lui paraît scandaleux : le colonialisme esclavagiste. Dans son panorama de l'histoire des peuples, Usbek en vient à examiner le destin de l'Afrique (*Lettre* 118). Ce continent se dépeuple de ses forces vives : la vente des esclaves « aux princes de l'Europe », à seule fin de procurer à l'Amérique une main-d'œuvre à bon marché, aboutit au pillage des ressources humaines. Déporter des populations ne profite à personne et manifeste une cupidité à courte vue.

On voit ici que le procès de l'exploitation du tiers monde n'est pas la préoccupation de notre seul XXᵉ siècle. Les idées de Montesquieu résonnent de façon actuelle : « Il n'y a rien de si extravagant que de faire périr un nombre innombrable d'hommes, pour tirer du fond de la terre l'or et l'argent ; ces métaux d'eux-mêmes absolument inutiles, et qui ne sont des richesses, que parce qu'on les a choisis pour en être les signes. « Le propos annonce le célèbre texte de *L'Esprit des lois*, donné comme un modèle de réquisitoire ironique contre le racisme et l'esclavagisme : « *De l'esclavage des nègres* »[1].

Même si, en écrivant ces mots, Montesquieu semble oublier que son bon port de Bordeaux vit du commerce triangulaire[2], c'est-à-dire du trafic des esclaves, on doit reconnaître à l'auteur des *Lettres persanes* une certaine paternité dans le courant humanitaire de la pensée du XVIIIe siècle.

■■■■ CRITIQUE ET VÉRITÉ

Grand pourfendeur d'idoles, Voltaire disait des *Lettres persanes* en 1733 : « Y a-t-il un livre où l'on ait traité le gouvernement et la religion avec moins de ménagement ? » Plus près de nous, Paul Valéry a jugé que, par le biais de « l'ingénuité feinte ou réelle » des Persans, l'ouvrage avait en son temps donné « à ressentir toute la relativité d'une civilisation »[3]. Ainsi, bien que la France de la Régence voie la contestation pénétrer les hautes sphères de la société, Montesquieu connaît sa hardiesse. Aussi les propos audacieux sont-ils tenus par des correspondants qui ont l'excuse de venir d'ailleurs et qui ne sont pas eux-mêmes à l'abri de la critique. L'auteur évite par là de donner aux attaques un tour systématique : elles surgissent au détour d'une lettre, entourées de digressions, avec l'écho du rire.

Mais pas de satire sans une authentique indignation. Montesquieu se sent l'obligation de parler car « c'est un pesant fardeau [...] que celui de la vérité, lorsqu'il faut la porter jusqu'aux princes », écrit Rica (*Lettre* 140). La vérité ne serait pas entendue si la critique heurtait de front les préjugés, les idées reçues. Or Montesquieu ne veut pas qu'on lui coupe la parole : il sera donc, selon sa formule, « le témoin de la vérité », non « le martyr ».

---

1. *L'Esprit des lois*, Livre XV, chapitre 5. Feignant de reprendre à son compte les arguments des esclavagistes, Montesquieu les détruit de l'intérieur, par l'ironie et l'indignation.
2. Le « commerce triangulaire », aux XVIIe et XVIIIe siècles, consistait, à partir des ports européens, à échanger des produits contre des esclaves que l'on vendait aux Antilles, et à rapporter en Europe du sucre et des épices.
3. *Préface aux « Lettres persanes »* - *Variété II*, Éd. Gallimard, 1930.

En dernière analyse, l'entreprise satirique des *Lettres persanes* n'est pas un jeu de massacre. Pourquoi critiquer l'absolutisme et l'impérialisme, l'intolérance et le parasitisme religieux, l'incompétence politique et judiciaire, l'artificialité de la vie sociale et culturelle, les errances économiques ? Dans les années 1720, l'autocritique est dans l'air : la France de l'époque a conscience de ses dysfonctionnements. Les flottements du pouvoir permettent d'espérer une correction des abus les plus criants. Usbek et Rica rient donc des Occidentaux, qui riront à leur tour d'eux-mêmes, sans perdre de vue que le rire est une entreprise de salubrité publique.

■ CONTRE LE DESPOTISME, POUR LES VALEURS MORALES

Le conte des Troglodytes (*Lettres* 11 à 15) résume à l'intérieur d'un peuple ce que le temps fait et défait dans l'histoire des nations. Les civilisations grecque, romaine, l'empire turc, les gouvernements européens sont instables et mortels (*Lettres* 112-113).

De cette réalité incontestable, Montesquieu tire une conclusion simple : Dieu n'a fixé aucun but au mouvement universel et l'histoire humaine n'est soumise à aucun sens préétabli. Tout est donc sans cesse à repenser dans les affaires de l'homme vouées à l'inconstance (*Lettres* 98-99).

Ainsi, vouloir arrêter l'histoire est illusoire. Cette illusion est celle des gouvernements despotiques, que Montesquieu condamne parce qu'ils n'ont d'autre alternative que l'immobilité ou le désordre, parce qu'ils sont animés par le désir d'absolu. À un degré moindre, la monarchie française de droit divin mérite aussi des critiques. « Comme un soleil qui porte partout la chaleur et la vie », elle se veut un astre autour duquel le monde gravite, mu par une volonté supérieure. Dans l'esprit de Montesquieu, la politique est l'affaire des hommes, non celle de Dieu (*Lettres* 24, 37).

Alors tout est-il permis ? Non, car il ne faut pas tomber dans une autre illusion : le rejet de toutes les valeurs morales. C'est, pense l'auteur dans la *Lettre* 146, ce qui se passe sous la Régence qui oublie la « bonne foi », la « probité » (l'honnêteté), la « générosité », la « candeur », ces « qualités naturelles » auxquelles il faut tenir. Une « soif insatiable de richesses » corruptrice « dégrade les âmes les plus généreuses, ternit l'éclat des dignités, obscurcit la vertu même ».

Un mouvement de folie bouleverse les valeurs auxquelles croit Montesquieu, gentilhomme terrien (*Lettre* 146).

Il est bien clair que l'auteur des *Lettres persanes* refuse l'absolutisme politique aussi bien que le chaos d'une société sans morale.

■■■■■ UN IDÉAL POLITIQUE : LE MODÈLE ANGLAIS

Face à la complexité de l'histoire humaine, Montesquieu cherche les « principes et les causes » qui régissent la nature et le devenir des États. Il ébauche donc une théorie des pouvoirs.

La forme la plus ancienne du pouvoir, d'après Rhédi, est monarchique (*Lettre* 131). Mais ce gouvernement, instable selon Usbek, est « un état violent qui dégénère toujours en despotisme, ou en république[1]. La puissance ne peut jamais être également partagée entre le peuple et le prince ; l'équilibre est trop difficile à garder : il faut que le pouvoir diminue d'un côté, pendant qu'il augmente de l'autre » (*Lettre* 102). Si le prince parvient, par la force armée, à anesthésier la résistance du peuple, le despotisme s'installe, qui ne connaîtra d'autres bouleversements que des révolutions de palais et des périodes d'anarchie (*Lettre* 103).

Pourtant il arrive que, las de leurs tyrans, les peuples les renversent pour fonder des républiques sur les « débris » des petits royaumes (*Lettre* 131). Ainsi se formèrent les républiques de la Grèce antique. Elles colonisèrent une grande partie de Bassin méditerranéen et répandirent l'esprit d'indépendance en Europe. En Afrique et en Asie, à l'exception de Carthage et de « quelques villes d'Asie mineure », le despotisme était trop fort pour succomber à la tentation républicaine. Plus tard, la république romaine reprit le flambeau. Mais elle ne traita pas « les citoyens romains et les peuples vaincus » à égalité ; elle donna trop de pouvoirs aux gouverneurs de ses provinces ; elle ne sut pas préserver les vertus qui

---

1. Pour Montesquieu, la « république » est aussi bien d'essence démocratique, appuyée sur un pouvoir populaire, qu'aristocratique, dirigée par une élite nobiliaire.

avaient fait sa grandeur et sa vaste entreprise colonisatrice la fit succomber au despotisme de César.

Dans la pensée de Montesquieu, l'instabilité menace constamment les gouvernements. Il examine alors une nouvelle direction historique, celle des royautés électives nées avec les invasions barbares. Les sujets de ces nations « bornaient si fort l'autorité de leurs rois, qu'ils n'étaient à proprement parler que des chefs ou des généraux » (*Lettre* 131). Apparaît ici une idée à creuser : celle d'un pouvoir partagé entre le prince et ses seigneurs, entre le roi et les « assemblées de la nation ». Montesquieu conçoit donc un système de contrepoids capable de sauvegarder le fragile équilibre de l'édifice politique. Il tiendra à ce principe fondamental[1].

Dans cette perspective un État voisin de la France mérite l'attention. C'est l'Angleterre. La liberté conquise s'y maintient par une tension constante entre l'autorité royale et les Parlements (*Lettre* 136). Or le partage des pouvoirs est un bien pour l'État, rappelle Montesquieu, lui-même parlementaire (*Lettre* 140).

En somme, la France occuperait une position moyenne entre monarchie et despotisme, alors que l'Angleterre se situerait entre monarchie et république[2], ce qui sied à un penseur fuyant les extrêmes. Les *Lettres persanes* ont-elles lancé la mode de « l'anglomanie » parmi l'élite intellectuelle du XVIIIe siècle ? Voire. L'Angleterre n'est pour Montesquieu qu'un champ d'observation parmi d'autres, d'où pourraient surgir des signaux de tolérance et de liberté.

ÉLOGE
DE LA TOLÉRANCE

Toute manifestation d'intolérance épouvante Montesquieu. Aussi s'insurge-t-il contre les articles de foi qui prônent le mépris de la conscience d'autrui. Est condamnable aussi

---

1. Cette théorie de la séparation des pouvoirs est reprise et pleinement élaborée dans les 13 premiers livres de *L'Esprit des lois* (1748). Cette idée de poids et de contrepoids, Voltaire la fera sienne dans ses *Lettres philosophiques* (1734). Cf. la *Lettre* 8 « Sur le Parlement ».
2. Voir note 1, p. 58.

le prosélytisme, cette volonté de recruter des adeptes pour sa doctrine : c'est « un esprit de vertige dont les progrès ne peuvent être regardés que comme une éclipse de la raison » (*Lettre* 85), Montesquieu renvoie dos à dos les croyances rivales. Les religions catholique, musulmane, judaïque, hindouiste, ont sociologiquement des raisons d'être ; chacune a son paradis qui témoigne de la diversité des mentalités (*Lettre* 125). Par contre, les rites, les tabous fixés et perpétués ne résistent pas à un examen sérieux (*Lettre* 17). Les Saintes Écritures seraient-elles obscures, elles qui suscitent toujours de nouvelles interprétations (*Lettre* 134) ? Le philosophe combat toute obscurité qui s'affuble d'un masque sacré, tout ce qui fait de chaque Église un monument d'artifice. Il accuse les religieux d'abuser de la parole divine pour donner du poids à leurs maigres idées (*Lettre* 62). Tout compte fait, l'intérêt d'une nation est d'accueillir tous les cultes, car leur rivalité corrige leurs abus. Que dit Usbek ? « Ce n'est point la multiplicité des religions qui a produit [les guerres], c'est l'esprit d'intolérance qui animait celle qui se croyait la dominante » (*Lettre* 85).

■■■■■ RELIGION ET MORALE

Très tôt, Usbek interroge un théologien persan sur les fondements de la foi ; la question est importante pour lui qui va chercher « la sagesse ». Les réponses toutes faites de Méhémet-Ali, gardien de la parole sacrée, témoignent d'une intolérance à la critique ((*Lettres* 16, 17, 18). Elles ne satisfont pas l'esprit d'examen d'Usbek qui, un peu plus loin, se penche sur les similitudes entre le mahométisme (l'islam) et le christianisme (*Lettre* 35). Une mise en question radicale commence et bientôt, dans la *Lettre* 46, Usbek énonce les principes d'une croyance débarrassée des dogmes[1]. Les dogmes sont la cause première de l'intolérance, dit cette lettre, parce qu'ils interdisent l'exercice du jugement. Poussant plus loin sa pensée, le Persan philosophe estime que,

---

1. Le *dogme* est un article de foi, un point fondamental d'une croyance religieuse : par exemple, l'immortalité de l'âme. On ne peut le discuter sous peine de tout remettre en cause.

quelles que soient la nature et la toute-puissance de Dieu, l'homme a reçu assez de liberté pour être responsable de ses actes. Il doit donc écouter la voix du bien et de la justice qui retentit au fond de lui (*Lettres* 69, 83). Cette disposition innée de l'être humain devrait permettre d'accepter la multiplicité des croyances qui peuvent coexister (*Lettre* 85).

Dès lors convaincu de la relativité des dogmes religieux, l'homme doit se fier à une philosophie naturelle, empirique[1], plus à même d'expliquer le monde que les mystères qui font parler les théologiens (*Lettre* 97).

■■■■■ L'ESPRIT DE LIBERTÉ

C'est peut-être Roxane qui incarne le mieux la liberté intransigeante dans les *Lettres persanes*. En révolte contre Usbek, elle conduit à son terme la contestation (*Lettre* 161). On l'a montré, sans ses femmes-sujets (et objets), le maître du sérail voit sa puissance s'anéantir. Mais c'est dans l'imaginaire du roman oriental que Montesquieu renverse la tyrannie d'Usbek, symbole de tous les pouvoirs absolus. En outre, le suicide de Roxane, s'il met en échec le despotisme, est lui-même un échec : la liberté est conquise dans la mort, non dans la vie. Pour Montesquieu, comme pour beaucoup de philosophes des Lumières, la révolte désespérée, pas plus que l'acte révolutionnaire, n'est une réponse raisonnable à la violence absolutiste.

Des libertés multiples

L'idée de liberté est au cœur des *Lettres persanes*. L'auteur y défend effectivement un certain nombre de libertés. Il y a celle de franchir librement les frontières et de parcourir le monde, comme nos voyageurs persans. Il y a la liberté de jugement : le droit de douter, d'examiner, d'avoir une opinion sur les sociétés, les cultures, les gouvernements. Elle s'accompagne du droit de rire du faux sérieux des

---

1. Est « empirique » une pensée qui se guide seulement par l'expérience.

institutions et des faux-semblants des comportements. Elle revendique aussi celui de s'indigner, de s'élever contre le préjugé et l'intolérance qui obscurcissent les consciences, menacent la paix publique. C'est pourquoi Montesquieu se prononce pour le libre arbitre en matière de religion. C'est pourquoi les *Lettres persanes* soutiennent la liberté de choisir son destin, comme Rica qui préfère le monde occidental à sa Perse natale (*Lettre* 155) ; comme Aphéridon qui fonde avec sa sœur Astarté une famille vertueuse (*Lettre* 67) ; comme Anaïs qui ne cède pas au despotisme d'Ibrahim (*Lettre* 141) ; comme Roxane enfin qui choisit sa mort.

Une liberté essentielle

Mais ces libertés ne sont rien sans la liberté politique. Hors d'atteinte quand le despotisme est absolu, elle est à la portée d'une monarchie qui accepterait de partager son pouvoir avec une assemblée représentative. Ici se pose une question. Est-ce la noblesse ou tout le peuple qui doit partager la puissance souveraine ? En 1721, Montesquieu ne tranche pas et l'interprétation politique des *Lettres* reste ambiguë. Les vertus, « la douceur » républicaines, qui favorisent la natalité, la prospérité, ont l'admiration de l'auteur (*Lettre* 123). Mais on peut tout aussi bien lire chez lui un désir de restauration nobiliaire (*Lettres* 92, 139). D'une part, Montesquieu, sûrement attaché aux valeurs, aux privilèges de sa caste, souhaite que l'aristocratie, écartée par Louis XIV, reprenne du service. D'autre part, il revendique la liberté de critique pour que son intelligence puisse voyager, détachée des préjugés. Il exprime en fin de compte une pensée « libérale » qui veut que les libertés individuelles, et pas seulement les privilèges, soient garanties contre l'arbitraire du pouvoir et les pressions de la culture dominante.

■■■■■ L'AUTRE ET L'AILLEURS

Depuis plus de cinquante ans, le goût pour les récits de voyages et l'attrait pour les civilisations exotiques existent. Mais les *Lettres persanes* marquent, en 1721, une nouvelle façon de considérer l'Autre et l'Ailleurs, d'aborder les différences culturelles. Elles ne regardent pas cette altérité[1] en la comparant à la référence européenne tenue pour universelle.

Plusieurs indices le prouvent. D'abord, il y a le parti pris du regard étranger présidant à la conception de l'ouvrage. Successivement Usbek et Rica, Montesquieu feint d'être étranger à sa propre société et la voit comme une nouveauté. Il y a ensuite la composition épistolaire du recueil[2] qui permet à des voix différentes de s'exprimer sur les faits de société. Elles émanent d'Orientaux qui ont quitté leur pays pour « s'instruire dans les sciences de l'Occident » (*Lettre* 8) et qui s'intéressent au devenir de la planète. Ils manifestent l'esprit cosmopolite, cette idée de citoyenneté du monde qui sera un des idéaux du XVIIIe siècle.

Dans le roman de sérail également, s'ébauche une réflexion sur la condition de « l'autre » sexe. Les femmes y ont la parole et font entendre leur désir d'avoir une relation plus « naturelle » avec les hommes. Assez curieusement, une sorte d'échange se produit. D'un côté, deux Persans viennent juger la France ; de l'autre, une certaine libération sexuelle, assez française dirait-on, a lieu au sérail d'Usbek. Dans la dernière lettre, Roxane a des accents féministes : « ... j'ai pu vivre dans la servitude ; mais j'ai toujours été libre : j'ai réformé tes lois sur celles de la nature ; et mon esprit s'est toujours tenu dans l'indépendance » (*Lettre* 161).

Montesquieu va même plus loin dans la prise en compte de l'altérité sexuelle. Les eunuques d'Usbek sont plus que des stéréotypes[3] exotiques et licencieux : privés de leurs attributs virils naturels, ils ne reçoivent pas pour autant un statut de sous-hommes. C'est ainsi que l'eunuque blanc Cosrou demande à son sultan la permission de se marier, au grand étonnement de l'épouse Zélis. Cherchant à comprendre, elle se souvient des propos d'Usbek affirmant « que les eunuques goûtent avec les femmes une sorte de volupté, qui nous est inconnue ; [...] et que, dans cet état, on est

---

1. *Altérité* : du latin *alter*, autre. Caractère de ce qui est autre, métaphysiquement, moralement, culturellement.
2. Voir p. 73 à 76.
3. Le *stéréotype* est une représentation dépourvue d'originalité, la répétition banale d'un modèle antérieur.

comme dans un troisième sens, où l'on ne fait, pour ainsi dire, que changer de plaisir » (*Lettre* 53). Enfin, Montesquieu ne présente-t-il pas, dans un de ses contes philosophiques, le mariage incestueux d'Aphéridon et d'Astarté (*Lettre* 67) comme un modèle de vertu ?

Ce faisceau d'indices tend à prouver l'audace des *Lettres persanes* dans leur façon de considérer avec un œil neuf ce qui n'est pas dans la norme du temps.

■■■■ JUSTICE ET RAISON

La justice est une vérité universelle. Elle est « éternelle, et ne dépend point des conventions humaines », rappelle Usbek (*Lettre* 83). Elle est connue même de ceux qui la bafouent pour satisfaire leurs intérêts, selon le principe que « nul n'est mauvais gratuitement ». Parlant à travers Rhédi aux incroyants et aux sceptiques, Usbek souligne que l'idée de justice, indépendance des contraintes religieuses, est en elle-même divine : « ... quand il n'y aurait pas de Dieu, nous devrions toujours aimer la justice. »

La raison est un autre « guide » universel. Grâce à elle, les hommes « ont débrouillé le chaos et ont expliqué, par une mécanique simple, l'ordre de l'architecture divine » (*Lettre* 97). La raison a permis « la connaissance de cinq ou six vérités » qui ont fait faire aux hommes « autant de prodiges et de merveilles, que tout ce qu'on nous raconte de nos saints prophètes », écrit Usbek au moine Hassein (*Lettre* 97). Par elle, l'esprit a découvert des « lois générales, immuables, éternelles », infiniment supérieures à celles « que les législateurs ordinaires nous proposent [...] pour régler la société des hommes » (*Lettre* 97).

■■■■ UNE INTERROGATION SUR LE BONHEUR

Dès la *Lettre* 10, la question du bonheur est posée à Usbek par les amis éclairés d'Ispahan : est-il dans la satisfaction des sens ou dans la vertu ? La fable des Troglodytes est un début de réponse, mais la réponse tout entière est disséminée dans les *Lettres persanes*. Le bonheur est une longue quête qui préoccupe Montesquieu comme elle préoccupera son siècle.

Un idéal d'harmonie

Il est à chercher dans plusieurs directions. Dans l'idéal de vie des bons Troglodytes que réjouissent le travail productif, l'amitié et la famille. Il est dans leur relation harmonieuse avec la Nature et les Dieux, dans le partage des tâches et des biens, quand « l'intérêt des particuliers se trouve toujours dans l'intérêt commun » (*Lettre* 12). Cet intérêt collectif n'est pas la négation de la liberté personnelle, du droit de chacun à disposer de soi. Ainsi, Usbek fait l'éloge du suicide auprès d'Ibben, du suicide comme remède au trop-plein des malheurs. Reprendre sa vie, précise-t-il, n'a jamais troublé l'ordre de la Providence et de l'univers (*Lettre* 76).

Le bonheur est donc dans la maîtrise de la vie. C'est le sens de l'aventure d'Aphéridon, qui surmontera de nombreux obstacles avant de recouvrer une liberté que la société a voulu lui ôter. Il accèdera au bonheur, à la tranquillité d'un honnête commerçant. « L'union [dit-il], règne dans ma famille, et je ne changerais pas ma condition pour celle de tous les rois du monde » (*Lettre* 67). Le bonheur est donc également dans l'équilibre des rapports de l'homme et de la femme, équilibre trouvé à la fin de l'histoire d'Ibrahim et d'Anaïs, quand le sérail devient une « maison accessible à tout le monde ». Enfin dévoilées, les femmes y prennent leurs repas avec les hommes et sont « aussi libres qu'eux ». En outre, cette liberté s'accompagne d'une recherche des plaisirs (*Lettre* 141).

Un bonheur terrestre

Le bonheur est pour Montesquieu à prendre ici-bas, même si dans les *Lettres persanes* il se réalise surtout dans les contes. Il n'est pas dans la poursuite de désirs hors d'atteinte qui font « voir que nous voudrions être heureux indépendamment de Celui qui donne les félicités, parce qu'il est la félicité même », écrit Ibben à Usbek (*Lettre* 77). Cette quête du bonheur va de pair avec l'enthousiasme philosophique. Il y a de la griserie dans l'hommage que rend Usbek aux découvertes de la science et de la raison (*Lettre* 97). L'idée de bonheur surgit donc de la foi dans le progrès qui apporte, soutient Usbek à Rhédi, les arts et la culture ; qui fait goûter des plaisirs raffinés ; qui favorise l'industrie et la circulation des richesses ; qui crée le superflu, finalement si nécessaire (*Lettre* 141).

■■■■ QUELLE PHILOSOPHIE POUR LES « LETTRES » ?

D'une part, Montesquieu s'affirme matérialiste pour expliquer le monde tel qu'il est. D'autre part, il se montre idéaliste, croit en des valeurs universelles, éternelles, capables de conduire l'homme sur la voie de la perfection.

L'étonnante diversité des espèces, des formes naturelles et sociales porte à croire à l'incohérence du monde. Mais le guide de la raison et les idéaux de liberté, de justice, de vertu s'opposent à l'idée que tout est livré au hasard et à l'angoisse, c'est-à-dire au doute. Raison, liberté, justice, vertu nourrissent l'esprit de relativité et de tolérance, c'est-à-dire le refus des préjugés et le respect de l'autre. Ces valeurs préservent l'indépendance du jugement ; elles ouvrent la porte à la pensée du bonheur terrestre. Tels sont les piliers de la sagesse de Montesquieu qui confirment son appartenance au Siècle des Lumières.

Certains lui ont reproché son excessive prudence réformiste ; d'autres ont souligné les contradictions de son idéalisme. C'est en effet le même homme qui dit qu'il ne « faut toucher » aux lois « que d'une main tremblante » pour préserver la paix civile et qui, par ailleurs, affiche une croyance de fer en l'homme. On en veut pour preuve ce qu'Usbek répond à Rhédi qui craint que l'humanité n'invente des armes de plus en plus diaboliques, capables de la détruire : « Si une fatale invention venait à se découvrir, elle serait bientôt prohibée par le droit des gens ; et le consentement unanime des nations ensevelirait cette découverte » (*Lettre* 106). Une telle pensée a, en 1721, quelque chose de prémonitoire. Montesquieu aurait-il été de ceux qui, en notre XXe siècle, prêchèrent le désarmement face à l'invention de l'arme atomique ?

8 L'art de la satire

Les *Lettres persanes* paraissent six ans après la mort de Louis XIV. Depuis 1715, les mœurs, l'esprit et le jugement se délivrent de l'atmosphère morose et prude qui caractérisait la fin du précédent règne. Le moment choisi par Montesquieu est particulièrement favorable.

■■■■■ LE BON USAGE DE L'ANONYMAT

Montesquieu a publié ses *Lettres* sans nom d'auteur. L'anonymat était une habileté. Depuis le XVIIe siècle, si un lettré ou un mondain se pique d'écrire, il met de la coquetterie à se laisser démasquer en toute fausse modestie. Montesquieu insista pour que sa paternité ne fût pas reconnue[1]. Ne fuyait-il pas plutôt la censure ? Dans ce cas, il avouait implicitement la portée critique de son livre en ne le signant pas. De fait, les *Lettres persanes* furent précédées d'une mauvaise réputation, excellente publicité pour son auteur dans le contexte de libération des esprits. Montesquieu eut les rieurs de son côté, mais certains rirent jaune en se découvrant caricaturés sous la plume des deux Persans.

---

1. Dans sa courte introduction aux *Lettres*, Montesquieu déclare : « C'est à condition que je ne serai pas connu : car, si l'on vient à savoir mon nom, dès ce moment je me tais. »

■■■■ LE THÈME
DU VISITEUR ÉTRANGER

Déjà, au XVIᵉ siècle, Montaigne dans ses *Essais* utilisait le regard naïf et impitoyable de ses « Cannibales », des Indiens d'Amérique du Sud débarqués à Rouen, pour critiquer les mœurs et institutions françaises[1]. Montesquieu reprend donc à son compte le thème du visiteur venu d'un autre monde, procédé qui sera utilisé pendant tout le XVIIIᵉ siècle à des fins satiriques[2].

Le terrain avait été préparé par un livre publié en 1684 et souvent réédité : *L'Espion du grand seigneur*, communément intitulé « L'Espion turc », de Jean-Paul Marana. Des lettres, attribuées au musulman Méhémet, dressaient une chronique de la vie politique occidentale au XVIIᵉ siècle, y ajoutant des ingrédients romanesques et psychologiques qui permettaient au lecteur de s'identifier à l'observateur. C'est conscient du parti qu'il pouvait tirer de cette démarche que Montesquieu emprunta la voie ouverte par Marana.

■■■■ LE DOUBLE REGARD

La stratégie est bien élaborée. Outre qu'il est étranger, le regard est double : Usbek et Rica se partagent la besogne critique. L'écrivain a doté chacun d'une personnalité, d'un ton, d'un registre pour que le lecteur choisisse celui qui sied à son esprit[3]. Les chances augmentent ainsi de rencontrer des destinataires variés, d'atteindre plus d'objectifs et de multiplier les angles de visée. De cette manière, les attaques sont subites, incisives, portées par des voltigeurs qui se déplacent sans cesse. Derrière eux — là réside l'efficacité paradoxale de l'œuvre —, il y a cette absence toujours présente de Montesquieu qui harcèle ses cibles sans se découvrir.

---

1. *Essais* (1580), livre I, 31.
2. Une nuée de touristes étrangers viendra scruter la France au fond des yeux. *Lettres chinoises* (1735), du marquis d'Argens ; *Lettres d'une Péruvienne* (1748) de Mme de Graffigny ; *Lettres d'Amabed* (1769) de Voltaire...
3. Voir chapitre 4, p. 34.

■■■■■ LES EFFETS
DE MISE EN SCÈNE

Ceux qui observent la réalité française, venus d'un autre horizon culturel, ne peuvent que s'étonner de ce qu'ils voient et entendent. C'est l'occasion de produire des effets de texte.

Premier effet critique, *l'abolition des noms*. En présence de réalités nouvelles qu'ils ne peuvent nommer, les Persans recourent à des définitions, des devinettes, des périphrases ou à des équivalents dans leur langue. Louis XIV devient « le monarque » ou « ce prince », mots plus teintés d'absolutisme. Le pape, au pouvoir plus politique que spirituel, est « le chef des chrétiens » (*Lettre* 29). Appelés « dervis », les prêtres occidentaux sont assimilables aux religieux islamiques... Cette ignorance linguistique est premièrement un bouclier contre la censure, comme si l'interdit pesait plus lourd sur le nom que sur l'objet désigné. Deuxièmement, elle aiguise la satire : l'abolition des noms oblige à redéfinir platement, ingénument les êtres et les choses, ce qui les désacralise.

Autre effet, *le contraste entre les deux langues d'Usbek*. En tant qu'interlocuteur des religieux persans, Usbek écrit une langue « orientale » tout en détours. Par contre, pour parler de ce qu'il observe en France, il va droit à l'essentiel. Pour soustraire l'esclave Pharan à la castration des eunuques, il écrit : « Recevez la joie dans votre cœur, et reconnaissez ces sacrés caractères[1] ; faites-les baiser au grand eunuque, et à l'intendant de mes jardins » (*Lettre* 43). Or dans la lettre suivante, Usbek déclare à Rhédi : « Il y a, en France, trois sortes d'états : l'Église, l'épée et la robe. Chacun a un mépris souverain pour les deux autres » (*Lettre* 44). Contraste signifiant. Quand la correspondance « rappelle » son personnage en Orient, Montesquieu l'emprisonne dans ses réflexes culturels, il lui prête une langue figurée, ornée, lointaine, porteuse d'une pensée conservatrice. Inversement, quand Usbek parle de la France en France, sa langue est efficace, porteuse d'une pensée novatrice. L'écart frappe de désuétude l'univers despotique d'Usbek, d'une part ; d'autre

---

1. C'est-à-dire son écriture et sa signature. Peut-on être plus emphatique ?

part, il rend plus tranchante la critique adressée à la société française. Ainsi, Montesquieu est à égale distance des deux réalités dont il dénonce les excès.

■■■■■ LA MANIÈRE SATIRIQUE

La formule incisive

Dans les *Lettres*, l'humour et l'ironie privilégient le raccourci expressif.

On pense au festival de maximes de la *Lettre* 55 qui aborde les rapports entre époux. Quel pessimisme étincelant dans : « Les Français ne parlent presque jamais de leurs femmes : c'est qu'ils ont peur d'en parler devant des gens qui les connaissent mieux qu'eux » ! Montesquieu égale ici deux maîtres, La Bruyère et La Rochefoucauld. Énoncé lapidaire et brillant, la maxime est une façon de penser. Sommet d'un raisonnement isolé de sa base, la formule, en une ou deux phrases, projette le lecteur à la cime d'où il découvre l'étendue d'une vérité « incontestable ». Avec un léger retard, il perçoit l'évidence et se sent concerné. Ces formules reposent sur le *paradoxe*, *l'antithèse*, ou *la comparaison inattendue*. Ainsi, dénonçant l'immodestie des hommages officiels, Usbek s'écrie : « Je voudrais bannir les pompes funèbres. Il faut pleurer les hommes à leur naissance, et non pas à leur mort » (*Lettre* 40). De cette affirmation paradoxale peut sortir toute une réflexion sur la misère de la condition humaine.

Plus d'une fois l'ironiste manie *l'antiphrase*, comme dans cette lettre d'une Moscovite qui se demande si son mari l'aime encore puisqu'il ne la bat pas (*Lettre* 51).

Le *trait conclusif* d'une lettre cherche aussi le raccourci. Préparé à l'insu du lecteur, il surgit au bout du développement comme une « rosserie ». Ainsi, pour prendre congé du « décisionnaire » qui sait tout, parle de tout, règle tout, Rica soupire : « Mon parti fut bientôt pris : je me tus, je le laissai parler, et il décide encore » (*Lettre* 72).

L'art de la caricature

Montesquieu excelle aussi dans le style visuel des *instantanés sociaux* et des *portraits-charges*. Leurs sujets sont des comportements et des personnages qui importunent les gens raisonnables. On songe entre autres aux parasites de salon (*Lettre* 48), au fol alchimiste poursuivant ses chimères (*Lettre* 45), au noble infatué, « un petit homme si fier » et pourtant « un grand sot » (*Lettre* 74), au géomètre obsédé par sa science (*Lettre* 128).

En général, les cibles de la caricature sont connues du lecteur de 1721. Un coup de « crayon » suffit : il représente le type ou l'attitude, condense la mentalité. Le modèle sort de la foule, s'agite tel un pantin, articule quelques mots et disparaît « exécuté ». Humoriste, Montesquieu pratique l'esthétique du choc, celle de l'effet immédiat.

L'art du mouvement

Souvent l'écrivain nous amuse par des descriptions « burlesques »[1]. Comment évoquer les caprices de la mode ? « Quelquefois les coiffures montent insensiblement, et une révolution les fait descendre tout à coup [...] On voit quelquefois, sur un visage, une quantité prodigieuse de mouches ; et elles disparaissent toutes le lendemain » (*Lettre* 99). Ici, *l'hyperbole* et *l'ellipse* produisent un effet d'exagération et d'instantanéité[2].

Cet art du mouvement anime la description. Au début de la *Lettre* 24, Rica peint l'agitation parisienne : « ... un homme, qui vient après moi et qui me passe, me fait faire demi-tour ; et un autre, qui me croise de l'autre côté, me remet soudain où le premier m'avait pris. » On retrouvera ce gag dans les films de l'époque du cinéma muet. Cette mécanique visuelle tourne au délire avec l'évocation du remue-ménage au Théâtre-Français[3].

---

1. D'un comique outré relevant de la farce, de la bouffonnerie.
2. *L'hyperbole* exagère l'expression afin de produire une forte impression. Elle s'associe dans cet énoncé à *l'ellipse* qui abolit le temps qui s'est écoulé dans la réalité entre les changements de coiffure, entre l'apparition et la disparition des mouches, ces petits morceaux de taffetas à la mode.
3. *Lettre* 28 : « ... (les spectateurs) passent par des endroits qu'eux seuls connaissent, montent avec une adresse surprenante d'étage en étage ; ils sont en haut, en bas, dans toutes les loges ; ils plongent, pour ainsi dire ; on les perd, ils reparaissent... »

■■■■■ LA FINALITÉ DE LA SATIRE

L'objectif de Montesquieu est de soumettre sa société à une épreuve de vérité. Abrité derrière Usbek et Rica, il pose à ses compatriotes une question redoutable : Pourquoi vivez-vous ou pensez-vous ainsi plutôt qu'autrement ? Comme l'écrit Jean Starobinski[1], il y a un « Comment peut-on être Français ? qui répond implicitement au : Comment peut-on être Persan ? » de la *Lettre* 30. La question devrait conduire chacun à découvrir que « les hommes sont tels que leurs habitudes, leur climat, leur éducation les ont faits ». Quant à la confrontation entre les « travestis » persans et les masques de l'homme occidental, elle devrait faire prendre conscience de « l'universelle facticité » des façons de penser et de vivre, c'est-à-dire leur mensonge, leur vanité.

Là est l'impertinence du livre de Montesquieu, d'autant plus ressentie que l'espace d'une lettre est restreint. L'objet y est saisi abruptement, examiné sans ménagements, puis laissé exsangue pour un autre.

---

1. *Montesquieu par lui-même* (coll. « Écrivains de toujours », Le Seuil, Paris, 1953). Jean Starobinski, important critique contemporain et spécialiste, entre autres, des XVIIᵉ et XVIIIᵉ siècles, a établi l'édition de référence de la Collection Folio (Gallimard, 1973).

9 L'art de la lettre

LES OBJECTIFS DE LA FORME ÉPISTOLAIRE[1]

Le choix d'un recueil de lettres était judicieux en 1721. D'abord, les lettres étaient à la mode. La marquise de Sévigné, par exemple, en avait fait un art apprécié pour sa souplesse, sa légèreté, sa variété. Le lecteur cultivé ou mondain lisait par curiosité, par indiscrétion, pour le plaisir de grappiller bons mots et belles formules qu'il resservirait afin de briller à son tour. Mais il ne se contentait pas de rire et de sourire, il voulait aussi réfléchir. Le public de l'époque aimait la légèreté dans la mesure où elle est la parure du sérieux. Il voulait qu'on rendît hommage à son intelligence ; aussi préférait-il l'allusion à la démonstration.

La forme épistolaire, par sa diversité, était donc tout indiquée. D'une part, une lettre oblige à couper court ; d'autre part, un recueil de lettres appelle le renouvellement constant de la forme et du ton, en fonction du sujet et du point de vue de celui qui l'aborde. Cette fragmentation thématique et stylistique coïncidait avec le projet polémique[2] de

---

1. « Épistolaire », du latin *epistolaris*, de *epistola* (lettre). Qui a rapport à l'épître, à la correspondance par lettres.

La fiction par lettres tient une place importante au XVIIIe siècle. Construction faite d'entrecroisements narratifs et discursifs, le roman épistolaire permet de traduire, à travers un certain réalisme, les préoccupations morales des auteurs. Plus particulièrement les rapports difficiles entre la sensibilité individuelle et la dureté des réalités sociales, entre l'idéalisme vertueux et la corruption des mœurs. Citons deux des plus célèbres romans épistolaires de l'époque en France : *La Nouvelle Héloïse* (1761) de J.-J. Rousseau et *Les Liaisons dangereuses* (1782) de Laclos.

2. Il y a *polémique* quand le texte écrit ouvre un débat sur un ton vif. Le terme a été emprunté au grec *polemikos* (relatif à la guerre). Le débat qui s'engage est de nature variée : il touche à la politique, à la morale sociale, à la philosophie, à la littérature...

Montesquieu : ouvrir un débat de fond sur la société tout en minimisant les risques de censure. Car, même relâchée sous la Régence, la censure veillait. L'écrivain s'effaça donc habilement derrière les lettres de deux observateurs manifestant une « légitime » curiosité. Le lecteur lui en sut gré : les voyageurs persans répondaient, avec humour et sans complaisance, aux questions qu'il se posait en tant que Français éclairé.

■■■■ LA MISE EN SCÈNE DE LA LETTRE

De même que les observateurs étrangers sont fictifs, il n'y a pas de vraie lettre dans les *Lettres persanes*. La missive est un petit théâtre qui met en scène le propos. Des règles communes de composition et de style font de Montesquieu, comme beaucoup d'écrivains de son siècle, un héritier de l'écriture classique du XVIIe siècle.

Pour plaire et instruire, selon cet « art d'agréer » dont parlaient Pascal et La Fontaine, il faut d'emblée intriguer le destinataire, d'où le soin mis dans les *incipit*, c'est-à-dire les phrases initiales. Elles annoncent nerveusement le thème, elles se formulent souvent de manière aphoristique[1], tels des maximes ou des proverbes. Ce sera par exemple un jugement catégorique : « les habitants de Paris sont d'une curiosité qui va jusqu'à l'extravagance »[2]. Le ton est donné, on va rire d'un travers connu des Parisiens, et reconnu par eux s'ils ont de l'humour.

Ayant éveillé son intérêt, l'écrivain ne fera pas trop languir son lecteur. Il le tient en haleine par une argumentation claire, rigoureuse, sans inutile complication ou par un développement brillant sans effet gratuit. Une lettre oblige à couper court, rappelons-le. Cette composition prépare un final

---

1. L'*aphorisme* est une sentence, une proposition très courte qui résume une pensée qu'on pourrait par ailleurs développer longuement en l'argumentant.
2. On concrétise toute cette analyse par la référence à la *Lettre* 30, proposée comme modèle du genre. Une des plus célèbres « *Lettres persanes* », elle figure dans la plupart des anthologies littéraires.

étincelant qui, ramassant la signification essentielle du propos, emportera l'adhésion du lecteur. Ainsi, las d'être l'objet de toutes les curiosités et de passer pour « bien Persan », Rica quitte ses « ornements étrangers » pour se vêtir « à l'européenne ». Or, si d'aventure il décline dans un salon sa véritable identité, il s'entend répondre : « Ah ! ah ! monsieur est Persan ? C'est une chose bien extraordinaire ! Comment peut-on être Persan ? » (*Lettre* 30).

L'effet de chute, ironique, permet à Montesquieu de faire le procès de l'indifférence obtuse, fondement de tous les racismes. Ce trait d'esprit clôt un récit léger, badin, qui délivre pourtant une leçon forte, profonde. Pour nous y conduire, l'écrivain a sauté à pieds joints par-dessus une lourde démonstration. Quel est donc le secret de son style ? Il nous le confie en ces termes : « Pour bien écrire, il faut sauter les idées intermédiaires ; assez pour ne pas être ennuyeux, pas trop de peur de n'être pas entendu »[1]. C'est un principe qui vaut pour l'écriture de chaque lettre comme pour la conception entière du recueil.

▩ L'ESTHÉTIQUE DU CONTRASTE

Montesquieu use de supports variés pour se faire entendre. Non content de se travestir en Persan, il se livre aussi à la parodie et au pastiche[2]. Ce sont d'abord les carnets des vingt-quatre premières lettres, à la manière des relations de voyages tant goûtées à l'époque. Puis, la parodie du style « oriental » quand Usbek écrit aux religieux islamiques (voir *Lettre* 16, par exemple), et le pastiche des *Mille et Une nuits*, avec les trois contes. En outre, de prétendues citations, des imitations cocasses s'insèrent dans les missives. Voici « Le discours d'un général de Paris » (*Lettre* 111), voilà les « Lettres d'un nouvelliste » (*Lettre* 130), ou le « Fragment d'un ancien mythologiste » (*Lettre* 142), ou encore la « Lettre d'un médecin de Province » (*Lettre* 143)... L'imitation littéraire

---

1. Montesquieu, *Cahiers*, éd. Grasset.
2. La *parodie* est l'imitation railleuse d'un style. *Le pastiche* est un récit « à la manière de », sans intention de railler ce qu'on imite.

flirte parfois avec l'écriture dramatique, comme dans la confession désespérée d'Usbek (*Lettre* 155) ou dans l'ultime discours de Roxane (*Lettre* 161).

Souple et mobile, l'écriture de Montesquieu se coule dans différents moules. Elle joue avec les registres du style, mais ces exercices sont toujours justifiés : même quand l'écrivain s'amuse, le moraliste veille. Et n'oublions pas la fameuse « chaîne secrète » dont parlait l'auteur dans ses *Réflexions sur les « Lettres persanes »*. L'esprit du lecteur doit rester constamment éveillé et chercher l'unité d'une suite apparemment disparate, recomposer les thèses que le morcellement des lettres a éparpillées.

Le morcellement stratégique des lettres fut compris du lecteur de 1721, qu'il gênait moins que celui d'aujourd'hui accoutumé à plus de continuité logique dans un livre. Cette démarche consistait à croire en l'intelligence du destinataire, suffisamment informé pour suppléer aux non-dits et se satisfaire d'un clin d'œil. Montesquieu écrivait en homme pressé, celui qui le lisait prenait le temps de méditer et de savourer.

QUELQUES CITATIONS

Sur la condition humaine

● « Il faut pleurer les hommes à leur naissance, et non pas à leur mort » (*Lettre* 40).
● « Lorsque mon âme sera séparée de mon corps, y aura-t-il moins d'ordre et moins d'arrangement dans l'univers ? » (*Lettre* 76).
● « [Dieu] laisse ordinairement à la créature la faculté d'agir ou de ne pas agir, pour lui laisser celle de mériter ou de démériter » (*Lettre* 69).

Sur les valeurs morales

● « Ceux qui aiment à s'instruire ne sont jamais oisifs » (*Lettre* 48).
● « Au lieu de s'appuyer sur la raison, [les hommes] se font des monstres qui les intimident, ou des fantômes qui les séduisent » (*Lettre* 143).
● « C'est un pesant fardeau [...] que celui de la vérité, lorsqu'il faut la porter jusqu'aux princes » (*Lettre* 140).
● « Je vois ici des gens qui disputent, sans fin, sur la religion : mais il semble qu'ils combattent en même temps à qui l'observera le moins » (*Lettre* 46).
● « La justice est éternelle et ne dépend point des conventions humaines » (*Lettre* 83).
● « Ce n'est point la multiplicité des religions qui a produit les guerres, c'est l'esprit d'intolérance qui animait celle qui se croyait la dominante » (*Lettre* 85).

Sur l'anti-absolutisme

● « D'ailleurs, ce roi [Louis XIV] est un grand magicien ; il exerce son empire sur l'esprit même de ses sujets ; il les fait penser comme il veut » (*Lettre* 24).
● « Malheureux le roi qui n'a qu'une tête ! » (*Lettre* 103).
● « Les rois sont comme les dieux ; et, pendant qu'ils vivent, on doit les croire immortels » (*Lettre* 107).

Sur le pessimisme social

● « Je vois, de tous côtés, des gens qui parlent sans cesse d'eux-mêmes ; leurs conversations sont un miroir qui présente toujours leur impertinente figure » (*Lettre* 50).
● « Il y a, en France, trois sortes d'états ; l'Église, l'épée et la robe. Chacun a un mépris souverain pour les deux autres » (*Lettre* 44).
● « Il ne faut pas beaucoup d'esprit pour montrer ce qu'on sait, mais il en faut infiniment pour enseigner ce qu'on ignore » (*Lettre* 58).
● « Ici, un mari qui aime sa femme est un homme qui n'a pas assez de mérite pour se faire aimer d'une autre » (*Lettre* 55).

BIBLIOGRAPHIE SOMMAIRE

Éditions critiques de poche des « Lettres persanes »

– 1973, édition préfacée, annotée par J. Starobinski (coll. « Folio », Gallimard). Des analyses pénétrantes et un dossier fourni.
– 1989, édition présentée par P. Malandain (coll. « Lire et voir les classiques »), Presses Pocket. Dossier littéraire et cahier iconographique.

Connaissance de Montesquieu

Pour une approche rapide, sûre, efficace de l'écrivain et de son œuvre.
– J. Starobinski, *Montesquieu par lui-même* (coll. « Écrivains de toujours », Le Seuil, 1953, rééd. 1965). On s'y réfère toujours.
– G. Benrekassa, *Montesquieu* (P.U.F., 1968). Pour l'éclairage philosophique.
– P. Gascar, *Montesquieu* (Flammarion, 1989). Une biographie vivante.

Interprétations des « Lettres persanes »

Pour celles et ceux qui manifestent le goût de la recherche et désirent approfondir les significations de l'œuvre.

● Idées politiques de Montesquieu

– L. Althusser, *Montesquieu, la politique et l'histoire* (P.U.F., 2ᵉ éd., 1964).
– J. Ehrard, *Politique de Montesquieu* (A. Colin, 1965).
– G. Benrekassa, *Montesquieu, la liberté et l'histoire* (Livre de Poche, 1987).

● Attitudes morales de Montesquieu

– P. Valéry, « Préface aux *Lettres persanes* », in *Variété II* (Gallimard, Paris), 1930. Repris dans *Œuvres*, « Pléiade », Gallimard, 1962, t. I (p. 509-517).
– R. Kempf, « Les *Lettres persanes* ou le corps absent », *Sur le corps romanesque* (coll. « Pierres vives », Le Seuil, 1968, p. 9-22).
– R. Mauzi, *L'idée de bonheur au XVIIIᵉ siècle* (A. Colin, 1969).
– J. Creech, « Altérités », publié dans *De la littérature française*, sous la direction de D. Hollier (Bordas, 1993). Une approche, dans la perspective du XVIIIᵉ siècle, de la conscience de l'Autre dans les *Lettres persanes*.

INDEX DES THÈMES ET NOTIONS

Les numéros correspondent aux pages du « Profil ».

Imprimé en France par l'Imprimerie Hérissey - 27000 Évreux
Dépôt légal : 15067 — Janvier 1996 — Nº d'impression : 71597